AF550055

Markus Becker und Guido Quelle
Und dann fällt der Strom aus ...

Markus Becker und Guido Quelle

Und dann fällt der Strom aus ...

Erkenntnisse für Bürgermeister und Landräte aus der Flutkatastrophe im Ahrtal

Mentoren-Media-Verlag

Bibliografische Information der Deutschen Nationalbibliothek
Die Deutsche Nationalbibliothek verzeichnet diese Publikation in der Deutschen Nationalbibliografie; detaillierte bibliografische Daten sind im Internet über http://dnb.d-nb.de abrufbar.

1. Auflage

Königsberger Str. 16, 55218 Ingelheim am Rhein

Lektorat : Deniz S. Özdemir, Mainz
Korrektorat: Marie Schumacher, Leipzig
Umschlaggestaltung: Stephan Maria Glöckner, Dernau
Umschlagsfoto: Dominik Ketz, Bad Neuenahr-Ahrweiler
Satz und Layout: Deniz S. Özdemir, Mainz
Abbildungen: Dominik Ketz, Bad Neuenahr-Ahrweiler
Grafiken: Stephan Maria Glöckner, Dernau
Autorenfotos: Dominik Ketz, Bad Neuenahr-Ahrweiler (Markus Becker), Silvia Kriens, Dortmund (Guido Quelle)
Druck und Bindung: MCP, Marki, Polen

ISBN: 978-3-98641-116-9

www.mentoren-verlag.de

»Die Autoren entwerfen eine Vision für den Aufbau und Erhalt einer nachhaltigen und zukunftsfähigen Infrastruktur. Ein wichtiges Buch: nah an den Problemen, den Lösungen und den Menschen, ohne die es nicht geht.«

Dr.-Ing. Oliver Buchholz, Experte für Starkregen

Inhaltsverzeichnis

Vorwort

Als wir (Markus und Guido) im Jahr 2017 unser erstes gemeinsames Buch *Die Wahrheit liegt vor der Baggerschaufel* entwarfen und verfassten, wollten wir die Welt der Infrastruktur, die Welt des Tiefbaus, ein wenig stärker würdigen und herausarbeiten, dass die unsichtbare Infrastruktur, das unterirdische Vermögen, mindestens ebenso wichtig ist wie das sichtbare Immobilienvermögen, und zwar die Gebäude, die diese Infrastruktur nutzen. Man könnte auch sagen, dass das unterirdische Vermögen noch wichtiger ist als das oberirdische, denn ohne Infrastruktur läuft nichts, ohne unterirdische Infrastruktur können Gebäude nicht in Betrieb genommen werden.

Die »Baggerschaufel«, wie wir unser Buch nennen, sollte auch verdeutlichen, dass es eine neue Form der Zusammenarbeit in Infrastrukturprojekten geben muss. So haben wir an vielen Beispielen deutlich gemacht, welche – teilweise kleinen – Akzente zu setzen sind, damit Infrastrukturprojekte in einer neuen Form der Zusammenarbeit der Akteure reibungsärmer, ressourcenschonender und vorwiegend schneller, gründlicher und nachhaltiger erfolgen können als bisher. Das gemeinsame Schreiben von Markus als Infrastrukturexperte und Guido als Wachstumsexperte eröffnete ein besonderes Spannungsfeld, sodass wir sowohl aus der tiefen Praxiseinsicht des Infrastrukturexperten, der hunderte und aberhunderte Beispiele in Form von Projekten erlebt hat, in Kombination mit der Sicht des Wachstumsexperten, der seit über 30 Jahren mit vielen hundert Unternehmen zusammengearbeitet und Veränderungen herbeigeführt hat, eine Symbiose schaffen konnten, die vermutlich einzigartig war.

Die »Baggerschaufel« hat seinerzeit in der Fachwelt Erhebliches ausgelöst und erfährt noch heute rege Resonanz. Obwohl die in der »Baggerschaufel« enthaltenen Beispiele sämtlich anonymisiert waren, haben sich dennoch viele Akteure in jenen Beispielen wiedergefunden – unabhängig davon, ob sie nun tatsächlich die angesprochenen Personen waren oder nicht. Somit ist ein grundlegendes Werk für die Branche des Tiefbaus entstanden. Insbesondere bekommt Markus als Fachexperte immer wieder Lob und Feedback. Von vielen Lesern erhält er dabei eine hohe Wertschätzung, wird häufig auf das Buch angesprochen und ist seither als Vortragsredner und Experte bundesweit sehr gefragt, wobei er oftmals auch Vorträge zur »Baggerschaufel« hält.

Die Reichweite der Anfragen und Gespräche erstreckt sich dabei von der lokalen Ebene, von den lokalen Experten, bis hin zu Landes- und Bundesministerien. Dies hat sicher auch dazu geführt, dass Markus im Sommer 2022 als Infrastrukturexperte gebeten wurde, im Bauausschuss des Deutschen Bundestages seine Sicht der Dinge nach der Flutkatastrophe an der Ahr zu schildern und Wege in die Zukunft aufzuweisen. Das Video ist auf *YouTube* zu sehen: Markus' wesentliche Erkenntnis darin ist, dass es eine zentrale Koordinationsstelle vor Ort geben muss, die Entscheidungsbefugnis hat.

Auch das nachträglich produzierte Hörbuch zur »Baggerschaufel« hat viele Freunde gewonnen. Insgesamt wurden wir bestätigt, dass *Die Wahrheit liegt vor der Baggerschaufel* ein Buch ist, aus dem selbst gestandene Profis noch erheblichen Wert schöpfen können.

Nun mag man sich fragen, warum wir beide in unserem Vorwort dieses Buches über ein Buch, das schon vor einigen Jahren entstanden ist, schreiben. Ganz einfach: Wir ahnten damals natürlich nicht, dass vier Jahre später in dramatischer Weise deutlich werden würde, wie wichtig Infrastruktur tatsächlich ist. 2017 schrieben wir noch aus der komfortablen Situation der vermeintlich immerwährenden infrastrukturellen Weiterentwicklung. Wir schrieben dieses Buch zwar unter hinreichender eigener Auslastung, aber doch im »Normalbetrieb«. Heute ist alles anders.

Bereits seit Jahren, vielleicht seit Jahrzehnten, hat Markus immer wieder darauf hingewiesen, dass es wichtig ist, besser für Starkregenereignisse gerüstet zu sein. Meistens waren die Anwesenden in solchen Gesprächen und bei derartigen Vorträgen oder Workshops seiner Auffassung und nickten eifrig. Das Problem: Es blieb bei der Erkenntnis, dass Markus wohl richtig liege. Aber nur diejenigen, die tatsächlich strategisch dachten, haben auch Projekte umgesetzt, um besser gegen Starkregenereignisse gewappnet zu sein. Viele andere haben – aus ganz unterschiedlichen Gründen – gedacht, dass sie dieses Thema besser noch verschieben, weil nicht sein kann, was nicht sein darf, weil andere Dinge wichtiger erschienen, man den Euro nur einmal ausgeben kann, der Haushalt gut aussehen muss und so weiter.

Was dann im Sommer 2021 geschah, war »eigentlich« ein immenses Starkregenereignis. Ausgewachsen hat es sich aber zu einer massiven Flutkatastrophe. Guido Orthen, Bürgermeister von Bad Neuenahr-Ahrweiler, hat es in der bereits genannten Sitzung des Bauausschusses des Deutschen Bundestages am 6. Juli 2022 auf den Punkt gebracht: »Ich glaube, es ist wichtig, weiter dafür zu sensibilisieren, dass wir kein Hochwasser hatten, sondern eine Flutkatastrophe.«[1] Diese Einordnung ist genau richtig. Ab dem 14. Juli 2021 war nämlich im Ahrtal und auch in einigen Regionen in NRW nichts mehr normal, alles war anders, alles war dramatisch.

Das grundsätzliche Problem: Es war nicht nur alles anders, es ist immer noch alles anders, auch jetzt, einer der ausschlaggebenden Gründe, warum wir dieses Buch veröffentlichen. Wir werden darauf in den einzelnen Kapiteln dieses Buches eingehen. Die vielleicht größte Gefahr, die wir sehen, ist, dass wir erleben müssen, wie ein Arrangement um Provisorien herum zu entstehen scheint. Wenn aber der Zustand des Provisoriums zum Normalzustand erhoben wird, ist niemandem gedient. Wenn die Flutkatastrophe für irgendetwas gut gewesen sein soll – und wir sind sehr zurückhaltend mit dieser Formulierung, denn in Tat und Wahrheit ist erst einmal gar nichts Gutes daran –, dann dafür, dass die Bedeutung, der Wert der unterirdischen Infrastruktur, der Wert dessen, was wir nicht sehen, dessen Existenz und Funktionsfähigkeit wir aber als normal voraussetzen, weiter erhöht wird. Es bedarf massiver Investitionen in Infrastruktur, nicht nur im Ahrtal, damit wir in Deutschland – und in der Welt – weiter sicher versorgt werden und auch die Entsorgung funktioniert.

---

1 Vgl. https://www.youtube.com/watch?v=eD1m80fsWPE; besucht am 12.10.2023.

Wie bereits die »Baggerschaufel« ist auch das vorliegende Buch ein Ratgeberbuch. Dieses Mal haben wir den Fokus insbesondere auf Landräte, Oberbürgermeister und Bürgermeister gelegt. Sie sind es nämlich, die letztlich entscheiden, welche Wertschätzung die Infrastruktur in ihrem Landkreis oder ihrer Kommune erfährt. Nein, sie sind nicht die Detailentscheider, aber sie sollen und müssen sich mit den infrastrukturellen Gegebenheiten ihrer Gemeinde oder ihres Kreises – stärker – auseinandersetzen, wenn sie die Zukunftsfähigkeit sicherstellen wollen.

Eine weitere Zielgruppe, die hohen Nutzen aus diesem Buch ziehen wird, sind Büroleiter, Amtsleiter und Fach- sowie Führungskräfte in den Infrastrukturunternehmen kommunaler oder privatwirtschaftlicher Natur. Auch sie werden hier aufschlussreiche Erkenntnisse, Ansätze und Handlungsfelder finden. Aber auch interessierte Bürger, die Infrastruktur üblicherweise nur dann wahrnehmen, wenn sie gerade mit einer Bau- oder Renovierungsmaßnahme befasst sind oder wenn die Infrastruktur einmal nicht wie gewohnt funktioniert, finden hier Ansatzpunkte, sich selbst besser zu rüsten und vieles wesentlich besser zu verstehen.

Infrastruktur ist weitaus überwiegend ein Gut der öffentlichen Hand und unterliegt damit demokratischen Prinzipien und Prozessen. Die Demokratie ist unserer Auffassung nach die beste Staatsform, auch wenn sie sich mit technischen Lösungen und Infrastruktur mitunter ein wenig schwertut – die »NIMBY (not in my backyard, nicht in meiner Nachbarschaft)-Haltung« lässt grüßen. Umso wichtiger ist bei Infrastrukturstrategien und deren Realisierung ein langer Atem.

Wir freuen uns sehr, wenn dieses Buch dazu beiträgt, die Infrastruktur in Deutschland sicherer zu machen, zukunftsfester zu machen, präsenter zu machen. Geschieht dies durch dieses Buch ein wenig, hat auch unser zweites gemeinsames Buch seinen Zweck erreicht.

Bad Neuenahr-Ahrweiler und Dortmund, im Sommer 2023

Markus Becker (markus.becker@ib-becker.com)
Prof. Dr. Guido Quelle (guido.quelle@mandat.de)

Noch ein Nachsatz, ein persönliches Wort von Markus:

Ich möchte mich auf diesem Wege und mit diesem Buch, dem zweiten Infrastrukturbuch, das Guido und ich verfasst haben, bei allen Mitarbeitern meines Unternehmens, allen Infrastrukturakteuren und technischen Führungskräften sowie allen weiteren Unterstützern, die sich bis heute nachdrücklich und nachhaltig für den Wiederaufbau im Ahrtal einsetzen, ausdrücklich und besonders herzlich bedanken.

Ihr und Euer Markus Becker

Hinweis:
Immer dann, wenn in diesem Buch über tatsächlich erlebte Situationen berichtet wird, spricht Markus, es sei denn, es wird gesondert darauf hingewiesen. Der besseren Lesbarkeit halber machen wir dies nicht an jeder Stelle erneut kenntlich. Außerdem wird aus Gründen der besseren Lesbarkeit in diesem Buch bei Personenbezeichnungen und personenbezogenen Hauptwörtern die männliche Form (das generische Maskulinum) verwendet. Sämtliche Angaben beziehen sich jedoch selbstverständlich auf Angehörige aller Geschlechter.

Kapitel 1
Die Katastrophe: Wenn du nichts hörst, bedeutet es nicht, dass alles in Ordnung ist

Die ersten Tage der Flutkatastrophe im Ahrtal, erlebt und erinnert von Markus Becker.

Mittwoch, 14. Juli 2021

Es war ein ganz normaler Mittwoch. Wir hatten an diesem Tag in unserem Büro ein Thema zu diskutieren und zu reflektieren, das mit Starkregen zusammenhing, denn bereits am 19. Juni 2021 hatte es ein Starkregenereignis bei uns gegeben. An jenem Tag regnete es binnen 24 Stunden 40 Millimeter pro Quadratmeter; dies entspricht also 40 Litern pro Quadratmeter. Diese enorme Regenmenge hatte in meinem Wohnort, Heimersheim, einem Stadtteil von Bad Neuenahr-Ahrweiler, bereits zu katastrophenähnlichen Zuständen geführt. Das gesamte Hochwasser kam aus dem Außengebiet und war in drei Wellen auf uns zugeflossen. Unsere Nachbarn, meine Familie und ich hatten also begonnen, unsere Keller auszupumpen, nur um damit nach der nächsten Welle noch einmal anzufangen und das Ganze ein drittes Mal vorzunehmen.

In meinem Umfeld waren etwa zweihundert Einsatzkräfte aus der sogenannten »Blaulichtfamilie« im Einsatz, um größere Schäden des Ereignisses abzuwenden. Das Siedlungswasserwirtschaftsteam aus meinem Ingenieurbüro und ich saßen im Büro, um dieses Ereignis von vor knapp einem Monat auszuwerten, die Reparatur-, Sanierungs- und Zukunftsprojekte, die dort nun nötig waren, zu ordnen und unseren Wissensstand abzugleichen.

So ganz normal war aber dieser 14. Juli auch nicht, denn uns wurden durch die Wetterdienste bereits erneut erhebliche Regenmengen angekündigt. Wir schauten uns diese Prognosen sehr sorgfältig und mit Respekt an und stellten fest, dass für Maastricht bereits 100 Millimeter pro

Quadratmeter innerhalb von 24 Stunden angekündigt waren. Wir trauten unseren Augen nicht, denn wir stellten uns vor, was es bedeuten würde, wenn diese enorme Menge tatsächlich auf uns zukäme. 40 Liter pro Quadratmeter hatten am 19. Juni fast an die Belastungsgrenze – und teilweise darüber hinaus – geführt und nun sollten es 100 Liter pro Quadratmeter werden? Das würde möglicherweise zu einer echten Katastrophe führen.

Zunächst nahmen wir diese Werte zur Kenntnis, aber entwickelten noch keine Aktivitäten. Maastricht war weit weg und schließlich wussten wir bisher nicht, ob diese Regenmengen auch für uns zutreffen würden, denn die Vorhersage galt ja zunächst nur für die Niederlande. Aus den Vorhersagen und Regenmengen der Vortage war uns sehr wohl bewusst, dass Starkregentage auf uns zukommen würden, aber die Dimension war unklar. Wir hatten nur Maastricht als Referenzpunkt. Im Laufe des Mittwochabends wurde dann immer klarer, dass uns erhebliche Regenmengen betreffen und auch erreichen würden.

Es entwickelte sich zunehmend eine hektische Betriebsamkeit im gesamten Ahrtal, Menschen reagierten völlig unterschiedlich auf die Wetterprognosen. Zum Teil wurden weiterhin Warnungen ausgesprochen und verbreitet, zum Teil wurden Feuerwehren in Einsatzbereitschaft versetzt, zum Teil wurde privates Hab und Gut provisorisch gesichert, aber es gab keine Struktur der Aktivitäten. Einhundert Liter pro Quadratmeter? Das konnte man sich kaum vorstellen. Während der eine sagte: »Na ja, bei mir war das Hochwasser noch nie. Ich lege wie immer Sandsäcke aus«, sagten andere wiederum: »Nun, wir wohnen hier direkt an der Ahr. Wenn das Wasser in der Form kommt, haben wir ein echtes Problem. Bringen wir lieber die Familie nebst Haustieren in Sicherheit«.

Wir hatten eben diese Vorgeschichte, keine vier Wochen vorher. Der 19. Juni hatte uns bereits praktisch und auch emotional massiv zugesetzt und so waren wir alle in irgendeiner Hinsicht sensibilisiert. Was später passieren würde, konnte sich aber niemand von uns vorstellen. Ich persönlich rechnete mit einer Auswirkung wie am 19. Juni, weswegen ich mein Nachtquartier auf der mittleren Etage meines Hauses eingerichtet hatte und um circa 23 Uhr an jenem Mittwoch die Nachricht auf Twitter las, dass die Kreisverwaltung darum bat, im 50-Meter-Bereich um die

Ahr alles zu räumen. Ich dachte: »Na ja, wir sind hier 500 Meter weit entfernt, da wird schon nichts passieren.« Ich nahm an, dass die Region rund um die Ahr in jenem 50-Meter-Umkreis geräumt werden würde – heute weiß ich, dass dies zu dem Zeitpunkt schon vollkommen unmöglich geworden war. Die massiven Wassermassen hatten das Land längst überschwemmt.

Donnerstag, 15. Juli 2021

Kurz nach Mitternacht: Stromausfall. Es war still und es war dunkel. Ich fand eine Taschenlampe und auch mein Smartphone half bei der Beleuchtung. Es war nichts zu hören, außer das Rauschen – das Rauschen der Ahr. Wir wussten, dass nun in Kürze Blaulichter die nächtliche Dunkelheit durchbrechen würden und wir wussten auch, dass wir Sirenen hören würden. Tatsächlich aber erfolgte nichts. Es gab kein Blaulicht. Es gab keine Sirenen. Es gab keine Feuerwehrleute, die zum Kellerauspumpen kamen.

Es war zwischen zwei und vier Uhr morgens, als die Welle der Ahr bei uns durchrauschte und wir dachten, es sei alles – soweit möglich – in Ordnung und erforderliche Maßnahmen wurden bereits erfolgen. In Wahrheit aber blieben das Blaulicht und die Sirenen nur deswegen aus, weil es schon keine Brücken mehr gab. Über 60 Brücken waren zu dem Zeitpunkt bereits zerstört. Wir wussten nicht, dass die Brücken immer wieder zu einem Aufstau der Ahr geführt hatten, das Wasser damit in die Breite brachten, sodass das ganze Tal ausgefüllt war, die Ahr über die Ränder der Brücken trat, um dann auf die nächste Brücke zuzuschießen.

Gegen drei oder vier Uhr morgens hörte ich viele Schreie aus der Nachbarschaft: »Das Wasser kommt, das Wasser kommt!« Ich zog mich an und rannte auf die Straße. Es dämmerte bereits. Und obwohl wir 500 Meter von der Ahr entfernt wohnen und auch mein Büro in dem Gebäudekomplex ist, obwohl sich eine große Bundesstraße mit einem hohen Mauerwerk zwischen uns und der Ahr befindet, kam bei meiner Nachbarschaft das Wasser an. Die Feuerwehr, die seit Mittwochnachmittag im Einsatz war, ergriff weitere Maßnahmen. Die Blaulichtphase startete.

Der Pegel stieg und stieg. Selbst bei uns, in unserem alten Bauernhaus, stieg das Wasser im Keller, obwohl wir eine Rückschlagklappe haben. Es waren zwar nur zehn bis 20 Zentimeter Wasser im Keller, aber dies verdeutlicht, zu welch reißendem Strom das beschauliche Flüsschen *Ahr* geworden war.

Abbildung 1.1: Brückenbauwerk über der L83, Stadtteil Bad Neuenahr

In dieser Nacht vom 14. auf den 15. Juli wurden wir komplett abgeschlossen von allem. Wir hatten keinen Strom mehr, wir hatten daher auch keine Internetverbindung mehr, kein Fernsehen mehr, wir hatten kein Radio mehr. Zu diesem Zeitpunkt hatte ich auch noch kein Transistorradio, das mit Batterien betrieben werden konnte. Inzwischen habe ich zehn davon, für den Fall der Fälle.

Wir konnten das Ausmaß der Katastrophe überhaupt nicht abschätzen. Wir konnten nur Sichtbeurteilungen vornehmen: »Wir haben Wasser im Keller, der Nachbar hat auch Wasser im Keller.« Punkt. Wir konnten auch mit dem Rad ein wenig hin- und herfahren, aber unser Radius war begrenzt, weil überall Wasser war. Wir hatten überhaupt keinen Überblick über das Ausmaß des Schadens.

Am frühen Morgen des 15. Juli besuchte ich meinen Onkel, um zu schauen, ob alles in Ordnung war. Auch meine Tante versorgte ich. Die ersten externen Helfer, die über die Autobahnabfahrt Sinzig eintrafen, sperrten zunächst die Region weiträumig ab. Es wurde deutlich, dass die Feuerwehr kein Gesamtbild der Lage hatte, so wie wir auch kein Gesamtbild der Lage hatten. Die Kommunikation war extrem eingeschränkt. Kein Telefon, keine Internetverbindung, kein Fernsehen – man lebte nur vom Hörensagen. Austausch und vermeintlicher Erkenntnisgewinn waren immer nur dann möglich, wenn man sich mit anderen traf. Was wir heute in unserer komfortablen Welt als selbstverständlich ansehen, nämlich sich mittels unterschiedlicher Medien zu informieren und sich per Telefon oder Nachrichtendiensten auszutauschen, ist nicht selbstverständlich, das erfuhren wir an jenen Tagen hautnah.

Manche sagten: »Na ja, mein Handyakku hält ja noch eine Weile und ich habe auch noch Powerbanks zu Hause«, aber was hilft dir das, wenn die Funkstrecke nicht aufrechterhalten werden kann, weil die Stromversorgung der für den Mobilfunk erforderlichen Antennen- und Vermittlungsanlagen nicht mehr funktioniert? Selbst das beste und reichweitenstärkste Handy mit vollem Akku ist somit wertlos.

Mit den meisten Informationen versorgte uns der Radiosender *SWR4*, der jede halbe Stunde Lokalnachrichten sendet und uns damit als Hauptinformationsquelle diente. Mit Batterieradios konnten wir diese Nachrichten verfolgen.

Uns wurde immer bewusster, dass dies kein normales Starkregenereignis oder eine ausgewachsene Hochwassersituation war. Uns wurde klar, dass dies eine Flutkatastrophe ungeheuren Ausmaßes war. Der erste Tag dieser Katastrophe, der Donnerstag, war bestimmt von der Eigenversorgung.

Wir mussten uns erst mal um uns und unsere Familien kümmern. Erste Stimmen sprachen von Evakuierungen und Todesopfern. Ich konnte das anfangs noch nicht glauben.

Der Bürgermeister unserer Stadt, Guido Orthen, rief mich an und sagte, dass Statiker benötigt würden, um das Ausmaß der Schäden an den Brücken zu bewerten. Ich kontaktierte meinen Bruder, der ein Büro für Statik betreibt. Thomas fuhr entlang aller Brücken und berichtete von dem Ausmaß der Zerstörung. Es gab keinen Bahnhof mehr, es gab keine Bundesstraße mehr und neun von elf Brücken in Bad Neuenahr-Ahrweiler waren zerstört. Immer wieder sickerten Nachrichten von vermeintlichen Todesfällen durch. Hielten wir es erst für Wichtigtuerei und ein Ergebnis von »stiller Post«, mussten wir diese Nachrichten inzwischen ernst nehmen. Die Zahlen wurden konkreter und es war die Rede von 700 vermissten Personen und 30 Todesfällen. Wir wurden regelrecht überschüttet von Einzelschicksalen. Jeder hatte irgendeine traumatische Erfahrung.

Unser Bürobetrieb startet üblicherweise gegen sieben oder halb acht Uhr morgens. Einige Mitarbeiter erschienen auch zur Arbeit, aber natürlich bei Weitem nicht alle. Ich konnte nicht einmal alle Mitarbeiter erreichen, aus genannten Gründen. Wir waren in einem Zustand höchsten Improvisationserfordernisses und höchster Unsicherheit.

Immer und immer wieder erreichten uns nun Nachrichten über weitere Vermisste und Todesopfer. Es war bestürzend und wir alle wussten nicht, wie wir damit umgehen sollten, denn es waren ja Bekannte, Verwandte, Nachbarn, um die es sich handelte. Das war alles nicht anonym in den Nachrichten, das war hier bei uns vor der Haustür. Eine Katastrophe ungeahnten Ausmaßes. Noch heute sind wir im Ahrtal traumatisiert von all diesen Einzelschicksalen, auch wenn wir uns schnell ins Handeln geflüchtet haben. Wir haben vieles nur verdrängt und bisher nicht verarbeitet. Kürzlich traf ich einen Berufskollegen aus einem anderen Ingenieurbüro und ich fragte ihn, warum er wieder rauche. Die Antwort: »Weißt du, Markus, wenn du einmal mit deinem Auto in der Flut weggeschwommen bist, dann ist das mit dem Rauchen das kleinere Problem.«

Am Donnerstag hatte der Pegel seinen Höchststand, das Wasser ging danach binnen zwei bis drei Tagen deutlich zurück.

Freitag, 16. Juli 2021

Wir mussten uns unbedingt organisatorisch innerhalb der Familie neu aufstellen: Wie wollten wir mit der 91-jährigen Tante umgehen? Wer kümmerte sich um den Keller? Meine Versuche, mit einem Floß zur Tante zu fahren, um sie zu evakuieren, waren misslungen. Also brachte ich ihr zuerst Kleidung und Essen von meiner Mutter, damit sie versorgt war. Später würde sie von Kindern, Schwiegerkindern und Helfern aus dem Haus gebracht werden, in das sie bis heute, fast zwei Jahre nach der Katastrophe, noch nicht zurückkann. Meine Tante ist heute 93 Jahre alt und in einer Wohnung bei ihren Kindern untergekommen. Immerhin.

Schritt für Schritt organisierten wir uns, ebenso wie unsere Freunde und Nachbarn dies taten. Im Wesentlichen kümmerten wir uns darum, die Keller in den nicht so stark betroffenen Häusern leer zu pumpen und Schlamm zu räumen. Natürlich hatten wir immer noch keinen Strom, kein Wasser, kein Abwasser, kein Telefon. Wir hatten nichts. Wir hatten keine Infrastruktur. Morgens saßen wir mit einer Tasse Kaffee am Gasgrill, auf dem wir Toastbrot zubereiteten. Viele meiner Mitarbeiter hatte ich zu diesem Zeitpunkt immer noch nicht sprechen können. Ich wusste nicht, ob es ihnen gut ging, ob sie lediglich von der Kommunikationsinfrastruktur abgeschnitten waren oder ob ihnen etwas zugestoßen war. Diese Sorge war schier unerträglich.

Bürgermeister Orthen rief erneut bei mir an: »Kannst du kommen? Wenn ja, bring Karten mit. Wir haben hier einen Krisenstab eingerichtet und müssen schnell handlungsfähig werden.« Ich fuhr zum Krisenstab, der in der Feuerwache tagte und fand alle Anwesenden, 30 oder 40 Personen, unter Schock und unter extremer Belastung. Natürlich, mir ging es ja genauso. Es wurde im Krisenstab zunächst ohne Plan und ohne Karten gearbeitet. Es gab keine Tagesordnung, es gab keine Struktur. Alles war auf Improvisation ausgelegt.

Je weiter die Zeit fortschritt, desto mehr weitete sich das Problem von der städtischen Ebene über den gesamten Landkreis und schließlich auf das gesamte Land aus. Alle forderten lokale Experten an, alle wollten genaue Wissensstände erzielen, alle wollten sicherlich Gutes bewirken, aber alle waren überfordert. Wie sollten nun Prioritäten gesetzt werden? Ich versuchte, eine Struktur zu erkennen, um die Arbeit wirksamer gestalten zu können.

Samstag, 17. Juli 2021

Die Improvisation ging weiter. Ich brachte meine Eltern aus dem Tal zu meiner Schwester nach Koblenz. Meine Schwester berichtete aus dem Fernsehen, das wir ja nicht hatten, welche Zustände bei uns herrschten und ich war noch geschockter als zuvor, sah ich nun das gesamte Ausmaß der Katastrophe.

An jenem Samstag ereigneten sich bei uns zu allem Überfluss auch noch zwei Massenpaniken, denn es war verlautbart worden, dass die Steinbachtalsperre in Heimerzheim, also in Nordrhein-Westfalen, gefährdet sei und einzustürzen drohe. Viele der traumatisierten und von Panik ergriffenen Nachbarn hatten statt »Heimerzheim« mit »z« »Heimersheim«, also unseren Ort, mit »s« verstanden. Also wurde schnell ausgerufen: »Heimersheim ist in Gefahr, die Talsperre bricht ein, wir müssen uns dringend in Sicherheit bringen!«

Fast der ganze Ort stand wegen dieser Fehlinformation in den Hängen des Ahrtals und es war für mich erschreckend zu sehen, wie so eine Massenpanik abläuft. Menschen standen auf den Straßen, versuchten in die Hanglagen zu kommen, Autos fuhren so schnell wie möglich, es war gruselig. Ich selbst konnte auch meine Nachbarn nicht beruhigen, obwohl ich erkannt hatte, dass, selbst wenn die Steinbachtalsperre gefährdet sei, uns keine Gefahr drohte. Alles war hochemotional. Auch ich selbst war in meiner eigenen Blase und immerzu damit beschäftigt, einigermaßen nach Prioritäten zu handeln.

Wir hatten auch keine fachliche Expertise vor Ort, denn weder der Leiter des Bauamtes noch der Leiter des Abwasserwerks waren vor Ort, alle waren ja selbst betroffen. Insofern verfügten wir auch nicht über eine technische Leitung seitens der Verwaltung. Führungskräfte, die zuständig gewesen wären, waren ebenfalls selbst von der Katastrophe betroffen.

Verständlich, wer weiß, wie es ihnen und ihren Familien erging. Für die Bewältigung der Situation war dies natürlich misslich, denn es war ja nicht so, dass wir in Bezug auf Expertise aus dem Vollen hätten schöpfen können. Die Menschen, die sich nun buchstäblich um ihre eigene Existenz kümmern mussten, fehlten in der Katastrophenbewältigung.

Ich hatte immer noch keinen Kontakt zu vielen Mitarbeitern. Obwohl wir am Wohnhaus und am Bürohaus nur minimale Schäden zu verzeichnen hatten, machte ich mir zunehmend Sorgen. Den ersten Kontakt zu meinem Geschäftsführungskollegen Torsten Ohlert sollte ich erst am Samstagabend haben. Er musste auf einen Berg fahren, um über Funknetzempfang zu verfügen. Das Ausmaß, in dem er betroffen war, würde ich erst eine Woche nach der Katastrophe richtig verstehen. Torstens Haus stand einen Meter im Wasser, das Haus seiner Eltern war bis zur Höhe von drei Metern überflutet. Auch zu weiteren Kolleginnen und Kollegen bekam ich erst Schritt für Schritt Kontakt und um jeden, der sich wohlbehalten meldete, war ich dankbar.

Es stellte sich langsam eine Dauerstresssituation ein und ich war froh darum, dass ich in Stresssituationen stets eher ruhiger werde und nicht in die Gesamtaufregung einstimme. Zwar kostete mich dies erhebliche Energie, es half mir aber, die Übersicht zu bewahren und wenigstens in beschränktem Maße einigermaßen strukturiert vorzugehen.

Was mir fachlich am meisten zu denken gab, war, dass die technischen Führungskräfte überall fehlten. Ich rief auch meine Stammkunden an, um sie um Hilfe zu bitten. Niemand versagte mir diese Hilfe. Der Geschäftsführer der Stadtwerke Andernach, Jan Deuster, brach seinen Urlaub in Frankreich ab, der Werkleiter von *RheinHunsrück Wasser*, Steffen Liehr, war ebenfalls froh, dass er sehr konkret helfen konnte. Meine Stammkunden unterstützten uns ebenfalls, indem sie teilweise von mir vergebene Aufgaben übernahmen. Alle zeigten Verständnis dafür, dass die laufenden Projekte – derer wir reichlich hatten – erst einmal pausieren mussten, damit wir uns wieder neu aufstellen konnten. Typisch für die ersten Tage nach der Flut war auch, dass mangels Kommunikationsmöglichkeiten und angesichts der Überforderung der Anlaufstellen oder in Unkenntnis solcher Anlaufstellen viele Hilfsangebote gar nicht zu uns durchdrangen.

Sonntag, 18. Juli 2021

Wir organisierten die Krisenstabsarbeit neu. Fünf Kernthemen identifizierten wir:

Welche Brücken können wir auf welche Weise nutzen? Dies war zunächst die entscheidende Frage, um überhaupt ein Lagebild zu erhalten. Die Brücke an der Kloster-Prüm-Straße in Heimersheim war für alle befahrbar und geöffnet. Die Piusbrücke in Bachem wurde als zentrale Brücke für die Hilfskräfte beschränkt geöffnet. Für die Bürger war daneben die Ahrtal-Brücke der A61 von eminenter Bedeutung.

Abbildung 1.2: Brücke am Ahrtor, Stadtteil Ahrweiler

Wo gibt es Strom? Diese Frage war auch zentral für die Lokalisierung des Krisenzentrums, das auf der nördlichen Ahrseite in der Heerstraße, in der Feuerwehrwache, entstand und auch deshalb seinen Platz dort erhielt, weil hier Strom und Wasser relativ schnell wieder verfügbar gemacht werden konnte. Es lag außerhalb des Überflutungsbereiches und konnte auch gut über den Autobahnzubringer angefahren werden.

Die drei weiteren Fragen waren: *Wo gibt es Wasser? Wie ist die Abwassersituation? Wo läuft gerade die Müllsituation aus dem Ruder?*

Wärme war glücklicherweise im Hochsommer von untergeordneter Bedeutung, auch Gas war uns damit zunächst nicht so wichtig. Strom und Wasser, das waren die wirklich wichtigen infrastrukturellen Elemente, die wir sehr zügig wieder brauchten. Dafür aber brauchten wir Experten. Einer dieser Experten ist Dieter Becker, der Wassermeister der Stadt Bad Neuenahr-Ahrweiler.

Dieter Becker wusste und weiß, wie das Wasser in der Stadt verläuft. Er kennt buchstäblich jeden Schieber und kann jeden Schieber bewegen. Ich sah meine Aufgabe darin, Dieter Becker arbeiten zu lassen und ihm Kommunikationsaufgaben in Richtung Krisenstab, Stadtverwaltung, Presse und Gremien ebenso abzunehmen wie Bürgeranfragen. Eine Erkenntnis aus dieser chaotischen Situation ist daher, dass jeder Experte den Raum haben muss, seine Sachen zu machen, ohne ständig Rücksprache zu halten oder Informationspflichten nachzukommen.

Der Eintritt der Flutkatastrophe war nun schon über eine halbe Woche her, wir waren immer noch im akuten Krisen- und Ordnungsmodus, aber Schritt für Schritt erarbeiteten wir uns eine Struktur, die es uns ermöglichte, uns von Engpass zu Engpass zu bewegen und die wichtigsten Dinge zuerst zu erledigen. Immer mehr technische und kaufmännische Mitarbeiter der Werke, die nicht direkt betroffen waren, halfen uns, viele kamen vorzeitig aus dem Urlaub zurück und arbeiteten bis an ihre Leistungsgrenze. Wir waren noch weit davon entfernt, in einen »Normalzustand« der Krisenbewältigung zu kommen, zudem wir uns ja noch in der Coronavirus-Pandemiephase befanden, aber wir hatten ein Packende. Die mentale und die Arbeitsbelastung war jedoch grenzwertig.

Eine der wichtigsten Erkenntnisse, die ich aus dem Beginn der Flutkatastrophe mitgenommen habe, ist die: Wenn du nichts hörst, bedeutet es nicht, dass nichts ist. Wir haben mit dem Katastropheneintritt einfach deswegen keine Krisensignale, wie Blaulicht, Sirenen, Anrufe von aufgeregten Betroffenen erhalten, weil die gesamte Infrastruktur ausgefallen war.

Abbildung 1.3: Extremeinsatz für die Blaulichtfamilie

Fünf Fragen an Hermann-Josef Pelgrim

- Seit Nov. 2021 Geschäftsführer der *Aufbau- und Entwicklungsgesellschaft Bad Neuenahr-Ahrweiler mbH*
- Seit Nov. 2021 Geschäftsführer der *mirglep GmbH*, Schwäbisch Hall
- 1997 bis 2021 Oberbürgermeister der Stadt Schwäbisch Hall

»Wo steht Ihrer Auffassung zufolge heute – im Sommer 2023 – der Wiederaufbau im Ahrtal?«

Heute, zwei Jahre nach der Flutkatastrophe, ist die Wiederherstellung der temporären Infrastruktur nahezu abgeschlossen. Die Versorgung der Bevölkerung und der Gewerbebetriebe mit Strom sowie die Wärmeversorgung sind weitgehend wieder intakt, die Verkehrsinfrastruktur funktioniert und die Übergänge über die Ahr sind mit temporären Brücken gewährleistet. Der Schulbetrieb und auch die Versorgung der Kindertageseinrichtungen sind durch Containeranlagen oder durch Reparaturmaßnahmen so weit hergerichtet, dass eine Grundversorgung gewährleistet ist.

Private Investitionen haben dazu geführt, dass ein Großteil der Einzelhändler wieder eröffnet hat. Die Gastronomie hat ihren Betrieb weitgehend wieder aufgenommen und Haus- sowie Wohnungssanierungen sind in vollem Gange, sodass einzelne Notunterkünfte bereits wieder geräumt werden konnten.

Die finale Wiederherstellung der kommunalen Infrastruktur lässt auf sich warten, da umfangreiche Grundlagenermittlungen erforderlich waren. So sind unter anderem die Höhenlage und der Verlauf der Ahr noch in Abstimmung. Die Dimensionierung der Ufer und der damit verbundenen Anknüpfungspunkte für Brücken, Straßen und Wege sowie für Hochwasserschutzeinrichtungen zur Bewältigung der neu gesetzten Durchflussmenge sind nahezu abgeschlossen.

Ebenso liegen grundlegende Erkenntnisse über den Zustand der Schmutzwasserkanäle, der Oberflächenentwässerung sowie der weiteren Versorgungsleitungen vor. Die Modernisierung der Telekommunikationsinfrastruktur mit Glasfaser ist ebenfalls im vollen Gange.

»Was ist Ihrer Meinung nach zurzeit die größte Herausforderung im Wiederaufbau?«

Es ist die Ausrichtung des Wiederaufbaus auf eine zukunftsgerichtete Infrastruktur, die den Gesichtspunkten von Aufenthaltsqualität, Klimawandel und Hochwasserschutz entspricht und die eine zukünftige wirtschaftliche Entwicklung ermöglicht.

In diesem Zusammenhang werden grundlegende Umwälzungen im Stadtgebiet sowohl in ihrer Erscheinung als auch in ihrer Wirkung sichtbar. Diese müssen vermittelt und von den Bürgerinnen und Bürgern angenommen werden. Es muss unbedingt ein Ausgleich zwischen verschiedenen Interessengruppen herbeigeführt werden.

Auch die Herausarbeitung eines Alleinstellungsmerkmales für die »Destination Ahr« bleibt eine Herausforderung.

»Welche Erfolgsmuster sehen Sie auf kommunaler, regionaler, landes- und bundesweiter Seite?«

Grundsätzlich sind ausreichend Mittel vorhanden, die den Wiederaufbau des Ahrtals ermöglichen. Erfolgsmuster für einen weiterhin attraktiven, zukunftsgerichteten Lebensraum an der Ahr sind von allen Beteiligten noch zu erarbeiten.

»Was würden Sie sich im Bereich Neu- und Wiederaufbau wünschen?«

Im Bereich des Neu- und Wiederaufbaus würde ich mir wünschen, dass Rahmenbedingungen gesetzt werden, die einen von

Aufenthaltsqualität, Attraktivität und Resilienz geprägten Wiederaufbau ermöglichen. Die beispielhafte Versöhnung von Natur und Bau – auch Baukultur – unter Einbeziehung von Hochwasserschutz sollte unser Ziel sein. Dabei sollte auch die städtebauliche Qualität der Freiräume und die Architektur einzelner Neubauvorhaben beispielhaft sein und zu einer identitätsstiftenden Wirkung beitragen.

»Was kann und muss Deutschland aus dem Wiederaufbau im Ahrtal lernen?«

Die Strukturen des Katastrophenschutzes bedürfen einer Verbesserung und einer personellen Verstärkung der dezentralen Handlungsträger. Gleiches gilt für die Leistungsfähigkeit der kommunalen Gebietskörperschaft. Hochwasser- und Katastrophenschutz ist kein Luxus!

Wiederaufbau muss über Schadensregulierung hinausgehen und die Widerstandskräfte der künftigen Infrastruktur, Siedlungs- und Wirtschaftsentwicklung berücksichtigen.

Kapitel 2
Die Phasen danach: Das Beständigste ist ein Provisorium

Wollen wir die Erfordernisse wirklich verstehen, die in Bezug auf eine zukunftsfähige **Infrastruktur** bestehen, müssen wir uns einmal mit den drei Phasen beschäftigen, die auf eine Katastrophe folgen. Am Beispiel der Flutkatastrophe im Ahrtal können wir erkennen, welche einzelnen und musterhaften Auffälligkeiten eintreten und wie damit umgegangen werden kann. Sie geben uns auch Aufschluss darüber, wo Hebel sind, die bedient werden können, um die Auswirkungen von Katastrophen mindestens abzumildern.

Blicken wir also auf die Erfahrungen und Erlebnisse von Markus und schauen wir uns die drei Phasen der Flutkatastrophe im Ahrtal an. Im Einzelnen handelt es sich um die **Blaulichtphase**, die **Provisoriumphase** und die **Wiederaufbauphase**.

Hochemotionale Wochen: Die Blaulichtphase

Wir haben die erste Phase »Blaulichtphase« genannt, weil sie maßgeblich durch ebendiese Blaulichter von unterschiedlichen Notfallfahrzeugen gekennzeichnet ist. Theoretisch beginnt sie mit dem ersten Blaulicht und sie endet, wenn keine Blaulichter mehr erforderlich sind, allerdings sind die Grenzen fließend. Wir unterscheiden drei Abschnitte: den ersten, den mittleren und den letzten Abschnitt der Blaulichtphase.

Blaulichtphase, erster Abschnitt

Das erste Blaulicht, das in der Flutkatastrophe im Ahrtal auftrat, war die Feuerwehr. Dabei sprechen wir über eine freiwillige Feuerwehr, weil keine Berufsfeuerwehr existiert. Im Anschluss daran trat das *Technische Hilfswerk (THW)* in die Szenerie ein. Die Feuerwehr und das *THW* waren die Ersten, die auftraten, um professionell zu helfen. Nach und nach reihten sich die Bundeswehr und weitere Mitglieder der »Blaulichtfamilie« ein. Auch rückten immer mehr Berufsfeuerwehren an, die den Kontakt zu uns aufbauten, um uns zu helfen. Wir in Bad Neuenahr-Ahrweiler konnten uns noch glücklich schätzen, dass wir so viel Blaulicht sehen und Sirenen hören konnten, denn wir waren über die Autobahnabfahrten Sinzig und Bad Neuenahr-Ahrweiler rasch auch für große Züge der »Blaulichtfamilie« erreichbar. Das sah an vielen anderen Bereichen der Ahr, vor allem an der Mittelahr, unerfreulicherweise gänzlich anders aus.

Hat man es nicht erlebt, kann man sich die Blaulichtphase und ihre Intensität kaum vorstellen. Die psychische Belastung ist enorm, denn wir haben ja schon als Kinder gelernt, dass ein Blaulicht immer auch mit Gefahr zusammenhängt, mit Notfallsituationen, Rettungserfordernis, mit einem Zustand, der ein schnelles Handeln erfordert. In den ersten Wochen der Blaulichtphase war quasi überall Blaulicht zu sehen. Einher ging dies mit beständigen Negativ- und Horrornachrichten über menschliche Verluste und persönliche Katastrophen. Alle standen unter Dauerstress; und man kann die ersten Tage der Blaulichtphase durchaus als »Chaostage« bezeichnen. Um meine Eltern zu entlasten, die seinerzeit 78 und 82 Jahre alt waren, sorgte ich dafür, dass sie eine Weile bei meiner Schwester in Koblenz wohnen konnten.

Die Kernaufgabe in der frühen Phase der Blaulichtphase ist es, Leben zu retten und Opfer zu bergen. Waren anfangs offenbar noch über 4.000 Menschen als vermisst gemeldet – wir sprechen insgesamt von 40.000 betroffenen Menschen im Ahrtal –, lag die Anzahl der Vermissten bald »nur« noch bei unter 100. Dies war nach etwa zehn bis 14 Tagen der Fall. Heute, zum Zeitpunkt des Verfassens dieses Manuskripts, werden noch zwei Menschen vermisst, einer von ihnen soll als verstorben erklärt werden. Die offiziellen Zahlen weisen heute etwa 11.000 traumatisierte

Personen und dramatische 136 Todesopfer im Ahrtal aus, und dies sind nur die direkten Opfer. Die Zahl der indirekt an den Folgen der Flutkatastrophe Verstorbenen wird deutlich höher liegen.

In dieser frühen Phase bestand das besondere Problem darin, dass das gesamte Kommunikationsnetz ausgefallen war. Dies war auch einer der Gründe für die vielen Vermisstenmeldungen. Überdies waren durch den Kommunikationsnetzausfall bedingt vor allem auch ältere Menschen oder Menschen ohne eine enge familiäre Bindung nicht zu erreichen. Immer dann, wenn die Polizei mit Hunden kam und die Kripo Absperrungen vornehmen ließ, wussten wir, dass vermutlich wieder nach einem Opfer gesucht wurde. Unter den zerstörten Häusern wurden fortwährend Vermisste gesucht. Dies war in der ersten Zeit das dauernde Bild. Von den offiziell 136 Todesfällen im Ahrtal entfielen mindestens 70 auf Bad Neuenahr-Ahrweiler, darin enthalten auch fünf aus meinem Stadtteil, Heimersheim.[2]

Die »Blaulichtfamilie« – also Polizei, Feuerwehr, Rettungskräfte, Hilfsorganisationen – war zwingend auf die Unterstützung der Menschen vor Ort angewiesen. Es waren Fragen zu klären, die für die Rettungskräfte vermutlich technischer Natur, für die Betroffenen aber hochemotional waren. *Wie identifizieren und transportieren wir Opfer der Katastrophe? Wie und wo lagern wir Opfer?* Diese waren wohl die emotional bedrückendsten Fragen, die es zu klären galt, neben der Unzahl technischer Fragen, wie die nach der geeigneten Kommunikationstechnik und -struktur sowie der Lagerung von Material, um wieder einigermaßen Überblick zu erhalten.

In der Phase der Rettung und Bergung gab es praktisch nur noch höchste und allerhöchste Prioritäten – alles hatte höchste Priorität und niemand blickte mehr durch, viele standen ohnmächtig vor dem Bild der Katastrophe, unfähig, zu handeln – auch daher das erhöhte Chaos in diesen Tagen. Wir dürfen nicht vergessen: Für die »Blaulichtfamilie« sind Katastrophen normal, für die Betroffenen sind sie es nicht, es sind

2 Vgl. https://www.swr.de/swraktuell/rheinland-pfalz/flut-in-ahrweiler-so-gross-ist-der-schaden-104.html; besucht am 23.10.2023.

emotional hoch belastende Zeiten. Wir müssen uns vor Augen halten, dass auch die Mitglieder der regionalen Feuerwehren und der Rettungsdienste zum Teil massiv persönlich betroffen, gleichzeitig aber Ansprechpartner für die externen Feuerwehren und Rettungsdienste waren. Das »Funktionieren« fiel äußerst schwer.

Insbesondere zu Beginn änderte sich die Lage schnell und dies kontinuierlich. Nur wenig Substanzielles, im Sinne von Ergebnissen, war tatsächlich kommunizierbar, weil dauernd Änderungen erfolgten. Informationen, die gerade noch hochaktuell waren, waren eine halbe Stunde später veraltet, Dinge, die eigentlich als angestoßen galten, waren plötzlich doch nicht angestoßen oder liefen zu langsam. Zudem waren viele Orte unzugänglich und dies stellte uns insbesondere in der ersten Zeit vor große Probleme.

Am Nürburgring warteten viele Feuerwehren und Hilfsorganisationen auf ihren Einsatz. 200 Aggregate waren aufgebaut, mehrere komplette Feldküchen, eine erhebliche Hilfsorganisations-Infrastruktur stand bereit. Viele diese Hilfen wurden aber gar nicht abgerufen oder konnten sich trotz akuten Hilfebedarfs aus bürokratischen Gründen nicht in Bewegung setzen – eine absurde Vorstellung – und so fuhren viele Helfer unverrichteter Dinge wieder nach Hause.

Wir Bürger und Akteure, die wir keine Kenntnis über die Funktions- und Arbeitsweise der Katastrophenschützer und Hilfsorganisationen haben – beziehungsweise hatten –, waren in der Zusammenarbeit mitunter überfordert. Jede Organisation bringt ihre eigenen Vokabeln und Abkürzungen mit. »Jetzt kommt der S2, wir müssen auf den S2 warten.« Wer, um alles in der Welt, oder was ist der S2? Die Fachsprache der Helfer war uns in der Bevölkerung anfangs nur schwerlich zugänglich.

Was uns insbesondere zu Beginn auch schier unverständlich war, ist, dass ein vermeintlich geklärtes Problem augenscheinlich gar nicht geklärt war, denn die in großen Teilen ehrenamtlich arbeitende »Blaulichtfamilie« wurde natürlich regelmäßig ausgetauscht. Dies ist verständlich, weil die ehrenamtlichen Helfer selbstverständlich nicht permanent vor Ort sein können, vor Ort stellte uns das jedoch nicht selten vor Kommunikationsprobleme, weil die »Wachablösung« nicht immer eine unmissverständliche und vollumfängliche Übergabe erfuhr, sodass viele Dinge doppelt und dreifach besprochen und angegangen wurden.

Bad Neuenahr-Ahrweiler wurde in acht Bezirke eingeteilt und alle sieben bis vierzehn Tage wurden die Feuerwehrteams ausgetauscht. So wurde etwa die Feuerwehr aus Niedersachsen von der Feuerwehr aus Bayern abgelöst. Natürlich hatte jedes neue Team einen enormen Taten- und Hilfsbereitschaftsdrang, wir mussten aber sicherstellen, dass nicht immer dieselben Fragen gestellt wurden. »Nein, diese Statik des mutmaßlich einsturzgefährdeten Bauwerks müssen wir nicht noch einmal prüfen, das Gebäude muss nicht abgerissen werden, der Statiker war bereits da, die Statik liegt vor, das Bauwerk ist stabil.« Ein Klassiker.

An ein strukturiertes Arbeiten war zu Beginn der Blaulichtphase überhaupt nicht zu denken. Auch fehlten Ansprechpartner auf der Verwaltungs-, Technik- und Leitungsebene, da viele derer, die zu Beginn dringend gebraucht worden wurden, selbst von der Katastrophe betroffen waren und somit verständlicherweise erst einmal eigene Probleme zu lösen hatten. Wir sprechen hier nicht von einem undichten Garagendach, sondern von menschlichen Tragödien und dem Verlust ganzer Existenzen.

Wir haben jedenfalls zwei bis drei Wochen gebraucht, um die Kommunikation mit den Hilfskräften strukturiert aufzubauen und erfolgreich fortzuführen. Eine wichtige Aufgabe war dabei, die Kommunikationswege zu erschließen und dafür Sorge zu tragen, dass jede Information auch dort ankommt, wo sie gebraucht wird. Das mag außerhalb einer solchen Ausnahmesituation profan klingen, dies war es aber in Tat und Wahrheit keineswegs. Eine Freude war es, zu sehen, dass sich viele Menschen in den ersten Tagen als wahrliche Kommunikationstalente und Macher erwiesen, mit denen man nicht gerechnet hatte. Es war schier unglaublich, mit welcher Ruhe und Übersicht im Alltag unauffällige Menschen – trotz der chaotischen Lage – wichtige Sachen wie Notstromanschlüsse, Container für Hilfskräfte oder Kraftstoffe organisierten.

Blaulichtphase, mittlerer Abschnitt

Schritt für Schritt wurde in der Blaulichtphase erkannt, was von wem gebraucht wurde. Zunehmend wurde auch Pressearbeit benötigt, Fragen der Bürger mussten beantwortet werden und das Spektrum der Fragen der Bürger war riesig. Viele der Fragen bezogen sich auch darauf, wie wieder eine einigermaßen handhabbare Grundordnung geschaffen werden konnte, insbesondere bei den Hauseigentümern: »Wohin kann ich mit meinem Bauschutt?«, »Wohin kann ich mit meinem Schlamm?« oder »Wonach riecht der denn? Wenn Heizöl darin ist, muss er auf die Kläranlage Andernach, wenn es ›normaler‹ Schlamm ist, pumpe ihn auf die Sportplätze«. Die Anzahl und der Umfang der zu beantwortenden Fragen war unvorstellbar groß.

In der Blaulichtphase ergaben sich – bei aller Dramatik – auch Chancen. So haben die Auszubildenden meines Unternehmens, die am 1. August antraten, vermutlich die größten Gestaltungsmöglichkeiten erhalten, die Auszubildende erhalten können. Ich habe meinen Auszubildenden buchstäblich gesagt: »Ihr lauft mir jetzt hinterher – immer! – und wenn ich euch sage, dass ihr dieses oder jenes tun sollt, diese oder jene Aufgabe übernehmen sollt, dann tut ihr das. Wenn ihr den Auftrag nicht verstanden habt, dann fragt, aber packt an.«

Ich habe den Auszubildenden und unseren jungen Projektleitern so viele Chancen und Aufgaben wie möglich gegeben, damit wir einen Beitrag leisten konnten, die riesigen Probleme in der Stadt zu lösen und auf unsere gesamte Infrastrukturmannschaft bin ich äußerst stolz. Vom Azubi am ersten Arbeitstag bis zum Prokuristen in der Altersteilzeit haben alle vom ersten Tag an voll mit angepackt und nach bestem Wissen und Gewissen Entscheidungen getroffen – am laufenden Band. Nicht jede Entscheidung war richtig, das ist bei der schieren Anzahl an zu treffenden Entscheidungen in Notsituationen unmöglich, aber es ging mutig und klug immer in die richtige Richtung und in Summe überwogen die richtigen und wirksamen Entscheidungen bei Weitem.

Anfangs war ich zu den Konferenzen des *THW* und des Lagezentrums, zum Beispiel für Trinkwasser, geladen, bei denen sich die Krisenstäbe des Landes versammelten, und ich wurde gebeten, die Werke bei den Lagesitzungen des Krisenstabs zu vertreten. Unsere Stadtverwaltung war nach wie vor dramatisch unterbesetzt und konnte lediglich zwei Mitarbeiter für die Arbeit abstellen. Die Sitzungen begannen häufig zu spät und es erschienen nicht immer alle Teilnehmer. Natürlich nutzten wir die Gelegenheit trotzdem, uns miteinander auszutauschen und zu vernetzen, um Probleme besser lösen zu können, aber wir verstanden die Sprache des Lagezentrums und der Hilfsorganisationen vor lauter Abkürzungen oftmals gar nicht.

Nach zwei Wochen beschloss ich, dass wir dort nicht mehr erscheinen würden. Dies soll ausdrücklich keine Kritik am *THW* sein, denn jede Organisation hat ihre »interne Sprache«, aber für uns war die Teilnahme an den Sitzungen nicht wertschöpfend genug. Wir waren der festen Überzeugung, dass wir uns an anderen Stellen wirkungsvoller einbringen konnten. Auch Akteure der Stadt konnten diese Erfahrung später machen.

Nach wie vor mussten Projekte und Vorhaben beantragt werden. Teilweise brauchten wir Antragsformulare in vierfacher Ausfertigung. Dies war für die Krisensituation, in der wir uns befanden, denkbar unpraktisch. Unser Bürgermeister Guido Orthen bildete auch einen Krisenstab. Wir trafen uns im Feuerwehrhaus auf der trockenen Seite der Stadt jeden Morgen um neun Uhr. Ich hatte es mir zur Gewohnheit gemacht, um sechs Uhr morgens zu Hause auf dem Gasgrill einen Toast zuzubereiten und um sieben Uhr im Krisenstab zu sein. Ich war in den ersten Tagen häufig unter den Ersten im Raum, bevor wir den Lagebericht durchsprachen. So konnte ich Vorgespräche mit Akteuren führen und diese zum Teil in der Sitzung vertreten und so wieder Zeit für Ortserkundungen oder technische Problemlösungen schaffen.

Anfangs verfügten wir im städtischen Krisenstab nicht über ausreichendes Kartenmaterial. Strom gab es am Ort des Krisenstabs, dem Gebäude der Feuerwehr, inzwischen, aber außerhalb eben noch nicht oder nicht in ausreichendem Maße. In meinem Büro hatten wir erst am 31. Juli wieder Strom, es gab keine verlässliche Funkverbindung für Mobiltelefone, von Computerbetrieb ganz zu schweigen. Wir hatten unseren

Unternehmensserver mehrfach räumlich verlagert und waren letztendlich bei einem Mitarbeiter untergekommen, der sich großartig mit IT-Themen auskennt und der uns wieder mit der Welt verband.

Die erforderlichen Karten und Pläne ließen wir in einer Druckerei über Nacht drucken, damit wir auch visuell vor Augen hatten, worüber wir reden wollten. Endlich hatten wir wieder Zugang zu den Plänen. Dies beflügelte die Krisenstabsarbeit wesentlich. Aus unserem Büro wurde immer mehr Technik zur Verfügung gestellt, um den Krisenstab handlungsfähig zu halten, und immer mehr Hilfsorganisationen nutzten dann unsere Technik. Für uns war das in Ordnung, schließlich wollten wir Lösungen produzieren und nicht darüber diskutieren, wer welche Technik hätte mitbringen können, sollen oder müssen.

Schritt für Schritt professionalisierte sich die Arbeit im Krisenzentrum. Schnell bildete sich eine Arbeitszeit »von sieben bis sieben« heraus und es stellte sich heraus, dass es zielführend ist, Experten für die einzelnen Themen zu berufen. So war ich beispielsweise aus dem Krisenstab heraus für das Thema *Trinkwasser* zuständig. Dies beinhaltete auch die Kommunikation über die Trinkwassersituation. Fragen, die auftraten, waren unter anderem »Wie kann man den Ortsteil Lohrsdorf versorgen?« und »Wie können wir die Haupttransportleitung ersetzen?«. Aus diesen Fragen fassten wir, wann immer es möglich war, konkrete Projekte, um ein Packende zu bekommen und auch mit klaren Zuständigkeiten, Verantwortlichkeiten und zumindest Vorsatz-Terminen zu arbeiten.

Dieser mittlere Abschnitt der Blaulichtphase war auch dadurch gekennzeichnet, dass unsere Hotels in unserer schönen touristischen Region prall mit Gästen gefüllt waren. Es war schließlich Sommer und der Tourismus lief auf Hochtouren. Dies ging einher mit einer weiteren Verschärfung der Müllsituation. Dachte man im Gastronomiebereich am ersten Tag der Katastrophe noch nicht an die Tiefkühltruhe, die wegen des flächendeckenden Stromausfalls nicht mehr funktionierte – und auch in den nächsten Tagen nicht funktionieren würde –, wurden die Probleme in den Folgetagen deutlich größer. Um den ersten Schwung der Lebensmittel zu verarbeiten, machte man zu Beginn noch ein Grillfest, aber was sollte danach geschehen?

Was danach tatsächlich geschah war, dass sich die Anfragen an die öffentliche Hand förmlich explosionsartig vermehrten: »Wohin soll ich mit meinem Müll?« Dabei waren wir noch froh, wenn diese Frage überhaupt gestellt wurde und der Müll nicht unkontrolliert irgendwo abgeladen wurde. Die Abfallsituation eskalierte während der Arbeit im Krisenstab. Es entstanden unkontrollierte Müllplätze aus zerstörtem Inventar, Sperrmüll, Hausmüll, Kühltruhen voller verdorbenem Fleisch in Verbindung mit akuter Verkeimungsgefahr – und so stand das nächste Thema auf der Tagesordnung. Die Dauerherausforderung in der Blaulichtphase war die des Setzens von Prioritäten. Genau genommen ist dies wahrscheinlich eine Daueraufgabe bis hin zum Abschluss des Wiederaufbaus.

Eine weitere Beobachtung, die während des mittleren Abschnitts der Blaulichtphase gemacht werden konnte, war die, dass fortwährend Menschen anriefen, die unbedingt helfen wollten. Auch dies bedurfte unbedingt der Koordination. Überdies hatten wir alle Hände voll damit zu tun, Menschen freundlich abzuweisen, die sagten: »Ich komme jetzt. Ich habe schweres Gerät, ich fahre jetzt los, sofort, ich kann aber nur dreieinhalb Tage bleiben und brauche 100 Liter Diesel am Tag und eine Unterkunft.« Solche Angebote waren gut gemeint, aber unmöglich zu handhaben. Aus der spontanen Helferschaft – später habe ich den Begriff der »Spontanhelfer« kennengelernt – ist dann das Helfer-Shuttle entstanden. Dies war eine ausgezeichnete Koordinationshilfe, denn mithilfe des Helfer-Shuttles konnten die ganzen gut gemeinten Hilfsbereitschaften auch wirkungsvoll eingesetzt und kanalisiert werden. Auf diese Weise konnte an vielen Stellen gezielter Fortschritt erzielt werden. Die Hilfsbereitschaft war insgesamt überwältigend.

In diesen mittleren Abschnitt der Blaulichtphase fällt auch das Erfordernis, die Kläranlage, die normalerweise das Abwasser von 190.000 Menschen klärt, wieder zugänglich zu machen. Sie war nämlich nicht nur betriebsunfähig, sondern wir konnten gar nicht an sie herankommen. Es waren ja nicht nur die Abwasserleitungen zerstört, sondern auch die Wasser-, Strom- und Gasleitungen. Überdies war die Brücke an der B9 zerstört. Es galt also, möglichst schnell möglichst viele Stufen der

Reinigungsanlage wieder in Betrieb nehmen zu können. So kümmerte sich ein Team um die Kläranlage selbst, während ein anderes Team die Verantwortung für das Sammlernetz, das dafür verantwortlich ist, das Abwasser wieder geordnet zur Kläranlage zu bringen, trug. Der Erfolg ist zu einem großen Teil den externen Werkleitern zu verdanken, die zentrale Aufgaben in der Steuerung übernahmen.

Nachdem wir den Zugang wieder hergestellt und die Funktionsfähigkeit wieder provisorisch sichergestellt hatten, mussten wir auch feststellen, dass die Kläranlage der Sicherung und Bewachung bedurfte, weil die Flaschensammler die riesige Menge des Altglases als Eldorado für sich entdeckt hatten, denn sämtliches Abwasser nebst aller mitgeschwemmten Gegenstände kam ja bei der Kläranlage an. Folglich wurde ein Sicherheitsdienst damit beauftragt, die Kläranlage abzusichern.

Blaulichtphase, letzter Abschnitt

Der letzte Abschnitt der Blaulichtphase war bereits durch eine gewisse Routine in der Krise gekennzeichnet. Die wesentlichen Themen waren auf dem Gleis. Es kamen zwar immer noch neue Themen hinzu, aber wir hatten ein Muster, das uns half, der Themen Herr zu werden. Ein neues Thema, das in diesem letzten Abschnitt der Blaulichtphase hinzukam, war die Frage, wie auf den Friedhöfen mit den freigespülten Gräbern umgegangen werden sollte. Auch dies war wieder einmal ein hochemotionales Thema, wie viele der Themen, mit denen wir umzugehen hatten und auch noch haben. Wir mussten uns auch persönlich emotional schützen, uns quasi eine emotionale Schutzweste anlegen, um Sacharbeit leisten zu können. Wir durften uns nicht von den vielen emotionalen Themen überwältigen lassen. Viel inhaltliche Arbeit war dabei eine Unterstützung und übertünchte manche Nachdenklichkeit. Bloß nicht zu viel grübeln, das war eine Hilfe.

Nach ungefähr einem Jahr rückte die »Blaulichtfamilie« ab. Aber auch im Sommer 2022 waren immer noch zahlreiche Mitglieder der »Blaulichtfamilie« da, um Dinge zu überprüfen, Provisorien zu managen und so weiter. Wir hatten nach etwa sechs Wochen, es muss etwa Ende August

2021 gewesen sein, in vielen Bereichen neue Formate gefunden, uns zu organisieren. Entstanden sind daraus neue Gesprächs- und Arbeitsformate, wie beispielsweise die *Thürer Runde*, von der später noch die Rede sein wird.

Abbildung 2.1: Leergutansammlung auf dem Flachsmarkt, Stadtteil Heimersheim

Schnell und ungenau, aber wirksam: Die Provisoriumphase

Natürlich sind die Phasen nicht ganz trennscharf voneinander zu sehen. Denn dies würde ja bedeuten, dass in der Blaulichtphase nicht schon an Provisorien gearbeitet wird. Gleichwohl zeichnet sich die Provisoriumphase durch ein gezielteres Handeln aus. Die Dinge konkretisieren sich, es schälen sich konkrete Projekte heraus, die über eine reine Notfallreparatur hinausgehen. Es entstehen mitunter robuste Provisorien, die bis zur Wiederherstellung Bestand haben sollen. Diesen

Infrastruktur-Provisorien ist gemein, dass sie erstens überhaupt erstellt werden dürfen – wir sprechen über die Verwendung öffentlicher Gelder –, andererseits realisiert werden müssen, soll die öffentliche Infrastruktur wieder einigermaßen funktionsfähig gemacht werden. Beispiele für Provisorien in der Flutkatastrophe sind provisorische Abwasserpumpwerke, provisorische Wasserleitungen, provisorische Trinkwasseraufbereitungsanlagen, Brücken, Zuwegungen, Straßen und Wege. Die Provisorien stellen noch nicht die erwünschte oder benötigte Endausbaustufe dar, bis zu der es einen längeren Genehmigungs- und Erstellungsweg braucht, sie bieten aber schon eine robuste Zwischenlösung, sodass überhaupt eine einigermaßen verlässliche Nutzung möglich wird.

Darin genau liegt eine der wesentlichen Gefahren der Provisoriumphase, denn der landläufige Satz »Das Beständigste von allem ist ein Provisorium« gilt auch in Bezug auf die Infrastruktur im Ahrtal und gewiss auch in anderen von der Flutkatastrophe betroffenen Gebieten: Es werden Provisorien geschaffen, die relativ schnell funktionsfähig sind, deren Wirksamkeit aber die Ungenauigkeit überdeckt, welche wiederum dazu führt, dass der Betrieb der Provisorien zwar möglich aber teuer, ineffektiv und von Überraschungen gezeichnet ist. Schauen wir wieder darauf, was Markus erlebt hat:

Wie sollten wir an eine vernünftige Schadendokumentation, wenngleich sie auch nur stets Teile beinhalten kann und nie vollständig wird, gelangen? Ein Mitarbeiter von mir, Reiner Gasper, begann bereits sehr früh, in den ersten Tagen nach Eintritt der Katastrophe, die Strecke von Rech bis Sinzig an der Ahr entlang etappenweise zu Fuß abzuschreiten. Dies war natürlich überaus beschwerlich, da er über Schwemmgut und Geröll steigen und auch Ausspülungen überwinden musste. Mit seinem über Jahrzehnte erworbenen Wissen konnte er bei seiner Begehung eine Schadensdokumentation vornehmen und dabei feststellen, dass an 15 Stellen an diesem Streckenabschnitt Abwasser in die Ahr floss – ein unhaltbarer Zustand. Also beauftragten wir ein Unternehmen, ein Provisorium zu bauen, um zumindest die gröbsten Verunreinigungen zu stoppen. Natürlich geschah dies im Dialog mit den öffentlichen Auftraggebern, aber es waren schnelle und unbürokratische Maßnahmen zwingend geboten.

Schnell und unbürokratisch. Dies kennzeichnet die wesentlichen Handlungselemente in der Provisoriumphase einheitlich.

Ein weiteres Beispiel für ein Provisorium im Ahrtal war ein »Abwassersprudel« mitten in einem Wohngebiet. So etwas ist natürlich enorm gefährlich und es bedarf sofort eines Provisoriums, um der Situation Herr zu werden. Hier können nicht lange Diskussionen stattfinden und monatelange Planungen vorgesehen werden. Der Schaden ist sofort mit einem Provisorium zu stoppen. Die langfristige Behebung muss warten und alle hoffen natürlich, dass das Provisorium hält.

In der Provisoriumphase stand immer dann, wenn wir ein Schadensbild hatten, unverzüglich die Frage im Raum: »Wie bekommen wir mit dem geringsten Aufwand den größten Effekt hin? Wie bekommen wir sofort Maßnahmen oder auch kleine strukturierte Projekte aufgegleist, um Schadenminimierung herbeizuführen?« In der Provisoriumphase geht es gar nicht darum, perfekt zu sein. Man muss sich auch im Klaren darüber sein, dass mitunter doppelte Kosten entstehen – einmal für die unmittelbare Reparatur und einmal für die sich anschließende zukunftsfähige Lösung – und man braucht Menschen, die den Mut haben, zu entscheiden, dass zu dem gegebenen Zeitpunkt das Provisorium die richtige Wahl ist.

Als Ingenieurbüro vor Ort pflegen wir unsere Beziehungen zu unseren Partnern seit Jahrzehnten, wir arbeiten immer wertschätzend und respektvoll und führen dies eindeutig als Grund dafür an, dass die Unternehmen – Bauunternehmen, Handwerksbetriebe und andere Unternehmen – trotz eigener Überlastung, fehlender Mitarbeiter und hoher Unsicherheit für unser Büro gearbeitet haben. Die Unternehmen, die wir angesprochen hatten, waren für uns verfügbar und wir konnten auf diese Weise zügig handeln und an vielen Stellen Schlimmeres verhindern.

In dieser Phase waren wir auch sehr dankbar für das Verständnis unserer Stammkunden außerhalb des Ahrtals, denn es war ja mitnichten so, dass wir uns ausschließlich auf die Ahrtal-Belange und die Schadensreparaturen konzentrieren konnten. Nein, wir hatten auch eine Vielzahl kleinerer und größerer Projekte außerhalb des Ahrtals zu betreuen und es wäre durchaus verständlich gewesen, wenn ein Auftraggeber aus einer anderen Region gesagt hätte, dass er nur eine sehr geringe Neigung verspüre, seine Projekte verschoben zu wissen, weil wir uns zunächst einmal auf eigene Angelegenheiten konzentrieren mussten.

Glücklicherweise stießen wir auf ein riesiges Verständnis, wofür wir bis heute sehr dankbar sind. Unsere Stammkunden haben uns Luft gegeben und signalisiert, dass wir uns zunächst einmal um unsere ureigenen Dinge kümmern können, dass die bestehenden Projekte an vielen Stellen nicht leiden, wenn eine kleine Pause eintritt und das hat bei uns natürlich für eine enorme Entlastung gesorgt.

Dass dieses »Ihr könnt euch später darum kümmern, wenn ihr erst einmal bei euch im Ahrtal Land seht« ein viel späteres »Später« würde, als es in unser aller Köpfen war, hat sich eben erst später herausgestellt. So mussten auch wir improvisieren, denn die Projekte konnten ja nicht über einen zu langen Zeitraum liegen bleiben. Insgesamt sind wir sehr dankbar für die verschiedenen Beziehungstests, die unfreiwillig entstanden sind, und ich bin persönlich davon zutiefst überzeugt, dass der intensive Dialog über die Prioritäten, über die Möglichkeiten und über die Verschiebungen die Beziehung an vielen Stellen noch deutlich gestärkt hat.

Ein Beispiel dafür, wie die Beziehung zu unseren ausführenden Partnern ist, bietet der Heilige Abend des Jahres 2021. Am 24. Dezember 2021 bauten wir nämlich neun geschlagene Stunden an einem Provisorium. Das Bauunternehmen musste hinzugezogen werden, weil ein Provisorium ausgefallen war. Dies macht nur eine Firma, die sich auch verantwortlich fühlt und die weiß, dass Vertrauen etwas mit Gegenseitigkeit zu tun hat. Insgesamt war es unsere Aufgabe, immer wieder ein internes Team innerhalb meines Ingenieurbüros aufzubauen, dieses massiv durch unser Netzwerk aus Partnerberatungen, Fachplanern und ausführenden Unternehmen zu unterstützen, vertragliche Regelungen zu treffen, bis hin zur Bezahlung der Maßnahme. Auch darauf konnten sich unsere Partner stets verlassen.

In der Provisoriumphase ist es auch wichtig, sich aufeinander verlassen zu können. Angesichts der Vielzahl der Maßnahmen, die vorzunehmen waren, war es geradezu unmöglich, den Detailüberblick über alles zu behalten. Wir mussten darauf vertrauen, dass die Unternehmen, die wir beauftragt hatten – immer im Namen unserer Auftraggeber –,

Probleme intelligent selbst lösen konnten. Mitunter hatten wir nur die Zeit, Aufgaben zu übertragen, und wir mussten uns darauf verlassen, dass die Firmen eine saubere Arbeit abgaben. Wir wurden dabei nicht enttäuscht – Dank der Arbeit von Profis.

Das Spektrum der Provisorien war und ist breit. Nicht alles konnte »mal eben« gemacht werden, im Vertrauen darauf, dass es irgendwie gerichtet werden würde. Einige Provisorien mussten aufgrund ihrer Art und aufgrund ihres Umfangs selbstverständlich mit den Genehmigungsbehörden abgestimmt werden. Immer dann, wenn unmittelbare Gefahr im Verzug war, gingen wir aber in Vorleistung und handelten schnell, im Vertrauen darauf, die Genehmigung dafür zu bekommen. Immer dann, wenn keine unmittelbare Gefahr bestand, hielten wir selbstverständlich die Reihenfolge der erforderlichen Genehmigungsschritte ein, um nicht im Nachhinein irgendwelche Probleme zu bekommen, sei es aufseiten der Genehmigungsbehörden, des Auftraggebers, der beauftragten Unternehmen oder auf unserer Seite.

Eine Gefahr besteht ja auch darin, dass nach einigen Jahren vergessen wird, wie die Lage vor Ort und die Situation zum Herstellungszeitpunkt war und dass eine Beurteilung auf einer ganz anderen Basis erfolgt als unmittelbar in der Krise. Am grünen Tisch ist alles leichter als mitten in der Krise. Also arbeiteten wir die Schritte sauber ab. Das Zusammenspiel mit den Genehmigungsbehörden, nicht beschränkt auf einzelne Segmente, vor allem aber in der Wasserwirtschaft kann ich heute als hocheffizient bezeichnen.

Im Großen und Ganzen lässt sich die Herstellung der Provisorien in drei Arten unterteilen:

1. Bei unmittelbarer Gefahr im Verzug: sofortige Behebung des Schadens, auch ohne Planung.
2. Bei fehlender unmittelbarer Gefahr, aber zeitnahem Lösungsbedarf: Herstellung des Provisoriums mit Planung.
3. Bei nicht so kritischem Herstellungszeitraum und/oder einem großen Umfang des Provisoriums: Planung und Genehmigungsverfahren.

Wie bereits eingangs dieses Abschnittes beschrieben, liegt eine große Zukunftsgefahr in der Provisoriumphase darin, dass man sich an den Zustand eines seinen Dienst ordnungsgemäß verrichtenden Provisoriums gewöhnt. Diejenigen, die schon einmal eine Krone beim Zahnarzt bekommen haben, mögen dies kennen: Bevor die endgültige Krone eingesetzt wird, wird ein Provisorium hergestellt, das bereits gar nicht so schlecht aussieht, schließlich will der Patient sich ja auch in der Öffentlichkeit sehen lassen. Dieses Provisorium ist aber bisher nicht so fest zementiert, wie es die spätere Krone sein wird, und es ist auch aus einem weniger haltbarem Material. Insgesamt sieht es vernünftig aus, wird aber unter der zu erwartenden Belastung bei Weitem nicht so lange halten wie das fertige Werk – die Krone.

Ähnlich verhält es sich auch bei Provisorien im Infrastrukturbereich: Alles funktioniert wieder, in unserem Metier sieht man mitunter nicht einmal optisch, dass es sich um ein Provisorium handelt. Deshalb besteht die Gefahr darin, dass das Prinzip *Hoffnung* um sich greift und man annimmt, dass das Provisorium schon halten wird, wodurch schlicht vergessen wird, dass es sich bei der seinerzeitigen Herstellung um die Herstellung eines Provisoriums handelte.

Hier ist die schlechte Nachricht: Es wird nicht dauerhaft halten, sondern es wird den Betreibern irgendwann auf die Füße fallen, wenn nicht eine korrekte Wiederherstellung stattfindet. Die Tatsache, dass man die Auswirkungen des ursprünglichen Schadens nicht mehr merkt und die Provisorien ihren Zweck erfüllen, darf nicht darüber hinwegtäuschen, dass gerade bei der Infrastruktur, die nicht sichtbar und nicht unmittelbar zugänglich ist – wir sprechen nicht von der Wiederherstellung einer sichtbaren Brücke oder eines sichtbaren Dorfplatzes –, eine sachgerechte Lösung geschaffen werden muss.

Eine Grundsatzgefahr besteht insbesondere im politischen Umfeld darin, dass die Themen mit dem Provisorium inhaltlich, also von ihrer Funktionsweise her, zwar vom Tisch sind, dies aber nur für einen gewissen Zeitraum. Politiker, die langfristig denken, wissen dies und ersetzen die Provisorien durch sachgerechte Dauerlösungen. Politiker, die in erster Linie darauf bedacht sind, den Haushalt zu schonen und möglicherweise auf die nächste Wahl zu schauen, tendieren nicht selten dazu, die Provisorien als »gut genug« zu definieren. Das sind sie aber meistens nicht für einen ausreichenden Zeitraum. Überdies lassen sie sich auch nicht dauerhaft wirtschaftlich betreiben, denn teure Reparaturmaßnahmen stehen immer wieder an.

Ein prominentes, in diesem Fall auch sichtbares Beispiel für ein von uns geschaffenes, hochfunktionales Provisorium sind die 106 Tiny Houses, die wir in Sinzig und Bad Neuenahr bauen durften und die es Menschen ermöglicht haben, wieder ein festes Dach über dem Kopf sowie eine warme Wohnung zu haben, was auch uns sehr glücklich macht. Dieses Provisorium funktioniert wunderbar. Auch die Terrassierung für die »Containerschule« – einem Provisorium, das zur Finalisierung dieses Buchmanuskripts immer noch in Betrieb ist – funktioniert gut. Auf Dauer sollen aber weder die Menschen in Tiny Houses leben müssen noch soll der Schulunterricht in Containern stattfinden. Wir pumpen an vielen Stellen noch Abwasser über die Ahr hin und her, weil zahlreiche Sammlerstrecken noch beschädigt sind und auch noch über Jahre beschädigt sein werden. Dies ist ein kostspieliges Umgehungssystem – ein Provisorium. Der finale Zustand muss geplant werden – fachlich und inhaltlich.

Meiner persönlichen Einschätzung zufolge befinden wir uns während des Verfassens dieses Buches im Sommer 2023 an vielen Stellen immer noch in der Provisoriumphase, auch wenn der Wiederaufbau an manchen Stellen begonnen hat, aber die wesentlichen Aktivitäten, die zum Zeitpunkt des Verfassens dieses Buches stattfinden, zählen für mich als Experte zu den Provisorien. Dies ist trotz allem Engagement der Akteure in großen Teilen der Anzahl und dem Umfang der erforderlichen Maßnahmen geschuldet. Man muss es sich nur deutlich vor Augen führen.

Träge und langsam: Die Wiederaufbauphase

Als ich (Guido) Markus im Februar 2022 fragte, wie weit der Wiederaufbau gediehen sei, sagte Markus: »Zu maximal zehn Prozent.« Im August 2022 fragte ich Markus erneut: »Markus, im Februar hast du mir gesagt,

dass ihr zu geschätzten zehn Prozent mit dem Wiederaufbau fertig seid. Wie weit seid ihr jetzt, ein halbes Jahr später?« Die lakonische Antwort von Markus: »Elf Prozent.« Fast ein Jahr später, im Sommer 2023, eine *WhatsApp* von mir an Markus im Rahmen der Finalisierung des Manuskripts: »Markus, was würdest du heute sagen?« Die Antwort, Minuten später: »Gut gemeint: Zwölf Prozent.«

Markus sagte und schrieb dies stets mit einem Schmunzeln, aber es geht hier ja weniger um Mathematik, sondern um Wahrnehmung. Aus diesen »zwölf Prozent«, die im Vergleich zu fast eineinhalb Jahren zuvor keinen wirklich nennenswerten Fortschritt im Sinne der Fertigstellung darstellen, spricht auch Ernüchterung. Schauen wir uns die Lage und unsere Einschätzung dazu etwas differenzierter an:

Man hört immer wieder von Menschen aus der Bevölkerung, dass nichts laufe. Das ist natürlich nicht richtig, aber es spiegelt einen großen Teil der Wahrnehmung wider. Insbesondere diejenigen privaten und gewerblichen Anlieger, die selbst betroffen sind und die noch keine Informationen darüber haben, welche Wiederaufbaumaßnahmen wann stattfinden, sind natürlich frustriert. Nun kann man natürlich sagen, dass es erst einmal um das große Ganze geht und nicht um Einzelschicksale, das verkürzt die Debatte aber erheblich und unzulässig.

Der Wiederaufbau hat vor allem auf der privaten Seite und im öffentlichen Hochbau begonnen. Insbesondere sind hier Schulen und andere öffentliche Einrichtungen zu nennen, die mit hoher Priorität wieder aufgebaut wurden und werden. Der wesentliche Punkt ist aber, dass bisher lediglich der Wiederaufbau des Alten, des vormals Bestehenden, begonnen hat. Über neue Konzepte, neue Technologien sowie neue und moderne Infrastruktur ist bislang nicht abschließend und inhaltlich längst noch nicht erschöpfend gesprochen worden. Reflexartig könnte sich die Frage stellen, ob es sich bei der aktuellen Herstellung nicht doch wieder um Provisorien handelt – wissend, dass das nicht der Fall ist.

Trotzdem: Alles beginnt mit einer funktionierenden Infrastruktur. Es muss im Ahrtal Einigkeit darüber erzielt werden, wo das Gewässer liegen soll. Die Bürger müssen wissen, wo die Hauptverkehrsströme fließen sollen und welche die Hauptverkehrsachsen sein sollen. Solange die Infrastruktur nicht geplant ist, wird auch niemand etwas Zukunftsweisendes bauen. Es stehen aktuell einige Hotels infrage und die damit verbundene Kernfrage ist, ob diese überhaupt wieder aufgebaut werden sollen, ob sich das noch lohnt. Dies sind Fragen von erheblicher Tragweite.

Alle Beteiligten können in der Wiederaufbauphase dankbar dafür sein, dass die politischen Verhältnisse im Landkreis wieder stabiler sind, dass nach den Wochen und Monaten der Unsicherheit auf Landratsebene endlich klar ist, wie und von wem dieser Kreis geführt wird und dass es (wieder) Strukturen gibt, die auch ansprechbar sind. Selbstverständlich geht der Bevölkerung, den Anwohnern, den Gewerbetreibenden, den Hoteliers alles viel zu langsam, weil natürlich alle die Dinge voranbringen wollen, aber immerhin ist das Ahrtal jetzt in der Phase, in der die Akteure mit einer großen Geduldsarbeit ein gemeinsames Bild für ihre Region entwickeln wollen.

Aktuell sind einige Ingenieurbüros damit beauftragt, einen Gewässerentwicklungsplan zu erstellen und erste Retentionsräume zur Rückhaltung von Oberflächenwasser in den Zuflüssen zu finden, den Hochwasserschutz also durchzuplanen, sich mit der Überflutungsvorsorge aus den Außengebieten zu beschäftigen und auch erste Projekte anzugehen. Hier ist man einen erheblichen Schritt gegangen, um Zukunftsplanung zu betreiben. Natürlich werden diese Maßnahmen frühestens in einem Jahr gebaut, denn es bedarf detaillierter Prozesse, um Nägel mit Köpfen zu machen.

Im Jahr 2023 wurden erste Aufträge für Brückenplanungen vergeben, wie es von der Straßenverwaltung bereits 2022 angekündigt wurde. Hinsichtlich des Realisierungszeitraums ist allerdings keine umfänglich belastbare Aussage möglich.

Aus der professionellen Sicht hat das Land seine Sache zur Qualitätssteigerung der Wiederaufbauphase recht gut gemacht. Es wurde sehr sauber dokumentiert, es wurde eine sogenannte »gelbe Zone« festgelegt, die eine Gefahrenzone beschreibt und innerhalb derer Raum für die Ahr geschaffen wird. Es wurde eine blaue Zone deklariert, das sogenannte »vorläufige HQ100«, in dem der Leitsatz gilt, dass Bestandsschutz besteht, dass aber jeglicher Neubau so gestaltet werden muss, dass er sich wasserwirtschaftlich anpasst.[3] Der Leitsatz lautet: »Wir stellen der Ahr nichts Zusätzliches mehr in den Weg.« Über diese Zone hinaus besteht gewissermaßen eine rote Linie, denn dort stand das Wasser.

Jetzt ist die Verunsicherung in der Bevölkerung selbstverständlich groß und alle suchen Antworten zu Fragen wie »Was bedeutet denn die neue Einteilung der Gebiete für mein Haus? Darf ich es überhaupt so wieder aufbauen, wie es war?« oder »Ich habe einen Neubau geplant und der steht und fällt im Rahmen der Finanzierung, mit der Frage, ob ich eine Einliegerwohnung, die ich vermieten möchte, bauen darf. Darf ich das? Wenn ich diese Finanzierung nicht bekomme, kann ich den ganzen Bau nicht stemmen«. Dies sind ganz normale, erwartbare und praktische Fragen von Anliegern und Bauherren, deren Antworten hohe Komplexität und Kompliziertheit schaffen können.

Es stellt sich generell die Frage, was unter »hochwassersicherem Bauen« verstanden werden soll. Im Ahrtal sind ja ganze Häuser weggeschwommen, mitsamt Bodenplatte. Also, was bedeutet denn nun konkret »hochwassersicheres Bauen«?

Im Rahmen der Wiederaufbauphase muss unbedingt darauf geachtet werden, dass sowohl Muster erkannt werden, die der Regelung bedürfen, als auch, dass Einzelschicksale besprochen werden müssen, denn die Bürger erwarten ja berechtigterweise Antworten von der politischen Führung.

---

3 Vgl. https://sgdnord.rlp.de/themen/wiederaufbau-ahr/hochwasseranschlaglinien; besucht am 23.10.2023.

Ebenfalls in der Wiederaufbauphase stellt sich eine ganz neue finanzielle Dimension dar, die noch niemand kennt. Der Wiederaufbau wird mit enormen Geldmitteln unterstützt, es ist also außerordentlich viel Geld vorhanden, aber wofür und in welcher Weise wird dieses Geld verwendet? Wie bereits zuvor gefragt: Soll das Alte wieder aufgebaut werden oder müsste jetzt nicht ein neuer Standard gebaut werden? Müssten jetzt nicht neue Techniken der Wärmedämmung angewendet werden? Müsste nicht Fotovoltaik-Technologie bei der jetzt sich bietenden Gelegenheit integriert werden? Wie sieht es mit Wärmepumpen aus?

Nein, nein, an dieser Stelle darf nicht nur die Rede sein von der Herstellung eines Stands von heute als Alternative zu gestern, sondern wir sprechen über die Frage nach dem Bauen gemäß dem technischen Stand von morgen, wenn schon grundlegend erneuert wird. Wer möchte denn jetzt noch einen alten Status wiederherstellen, der unmittelbar nach dem Fertigstellungstermin – oder bereits vorher – schon wieder veraltet ist?

Natürlich – möchte man einwenden – muss nach neuen Standards gebaut werden, zukunftssicher gebaut werden, es darf doch nicht das Alte schlicht wieder aufgebaut werden, wissend, dass damit eine Chance verpasst wird, wirklich neu Aufzubauendes auch mit neuesten klimatechnologisch oder wirtschaftlich hilfreichen Innovationen zu versehen. Aber wie stellt es sich denn mit der Finanzierung dar, wenn ein Bauherr sich entscheidet, den Wiederaufbau eben nicht als schlichten Wiederaufbau zu verstehen, sondern die Chance zu nutzen – oder gar neuen Vorschriften genügen zu müssen –, neue Formen des Wärmeschutzes und der energetischen Anforderungen einzubauen? Dass diese neuen Technologien sich für die monetären Beträge eines schlichten Wiederaufbaus darstellen lassen, ist völlig unrealistisch. Die offene Frage also: Wer zahlt das alles? Und nicht zuletzt auch: Wer baut das alles in absehbarer Zeit?

Ein offensichtliches Problem ist, dass bis heute eine Rahmenplanung fehlt, die gemeinsam getragen wird. Es gibt immer noch keinen »Masterplan Ahrtal«.

Rheinland-Pfalz ist das Bundesland der Verbandsgemeinden. Im Ahrtal gibt es vier Kommunen, nämlich Sinzig und Bad Neuenahr-Ahrweiler als Städte mit Stadtteilen sowie die Verbandsgemeinde Altenahr mit selbstständigen Gemeinden und die Verbandsgemeinde Adenau. Dabei handelt es sich um selbstständige Kommunen, die selbstverständlich auch in ihrem eigenen Interesse handeln und nicht notwendigerweise in koordinierter Abstimmung an die Dinge herangehen.

Damit soll nicht zum Ausdruck gebracht werden, dass diese Koordination, diese Abstimmung gar nicht geschieht, aber es ist schon eine bedeutende Aufgabe, die Partikularinteressen der einzelnen Mitspieler zu synchronisieren oder zumindest zu koordinieren. Es bestehen so viele Zielkonflikte in Bezug auf Tourismus, Hochwasserschutz, Naturschutz und so weiter. Es ist in der Wiederaufbauphase unbedingt darauf zu achten, dass die in dieser Krise liegenden Chancen genutzt werden und nicht einfach wieder Insellösungen zementiert werden, welche die Probleme in die Zukunft schieben. Natürlich ist Wettbewerb zwischen den einzelnen Kommunen hilfreich, um sich stets weiterzuentwickeln. Sobald sich aber dieser Wettbewerb schädlich auf das Gesamte auswirkt, muss irgendwer einmal Einhalt gebieten. Wettbewerb muss immer zu besseren Leistungen anregen und insgesamt immer einen Vorteil bieten.

In der Bevölkerung wird im Übrigen sehr wohl bemerkt, dass sich Dinge mitunter auch deswegen nicht so schnell bewegen, wie sie sich bewegen sollten, weil es Unsicherheiten in den Zuständigkeits- und Verantwortlichkeitsbereichen gibt. Diese werden zunehmend durch angedeutete oder bereits durchgeführte Kündigungen von Mitarbeitern im öffentlichen Dienst verschärft. »Das tue ich mir nicht mehr an«, hört man regelhaft. Ein inhaltlicher und politischer Aufbruch ist aber zwingend erforderlich, denn es hilft auch der politisch und inhaltlich engagierteste Bürgermeister oder Landrat nicht, wenn keine Strukturen bestehen, auf die man in der Exekutive zugehen kann.

Wir haben bereits über die enormen finanziellen Mittel, die für den Wiederaufbau zur Verfügung stehen, gesprochen. Die Region ist aber vollkommen überfordert, so viel Geld zu verarbeiten. Es handelt sich um ein Vielfaches dessen, was üblicherweise in den Haushalten zur Verfügung steht. Was droht, ist ein massiver Aktionismus, der am Ende viele Stilblüten treiben wird.

Es müsste jemanden geben, nennen wir ihn der Einfachheit halber einmal einen »Kümmerer«, der die gesamte Wiederaufbauphase als ein Projekt versteht, mit vielen Teilprojekten, in denen transparente Entscheidungsstrukturen geschaffen werden, die auf schnellen Wegen ermöglichen, finanzielle und andere Mittel bereitzustellen, sodass eine Struktur existiert, in der auch über Prioritäten und Zeitabläufe gesprochen wird und in der schnelle Entscheidungen getroffen werden können. Ein solcher »Kümmerer« müsste vom Bund kommen und mit erheblicher Entscheidungsautorisierung ausgestattet sein, weil es der Bund ist, der die Mittel zum Wiederaufbau maßgeblich bereitstellt.

Es bedarf zwingend einer Koordination mit Übersicht. Zu starker Zentralisierung ist Einhalt zu gebieten, aber es muss eine Struktur geschaffen werden, in der die Vorteile der zentralen, schnellen Entscheidung mit den Vorteilen der dezentralen, schnellen Ausführung kombiniert werden. Man stelle sich vor, dass es aktuell circa 450 Ideen von Bürgern gibt und 1.300 Einzelmaßnahmen angedacht sind. Wie soll dies ohne ein projektorientiertes Vorgehen im Rahmen eines Gesamtprojektes sauber abgearbeitet und entschieden werden?

Schon allein die Aussage, zu welchem Zeitpunkt eine Maßnahme stattfindet, beruhigt enorm, selbst dann, wenn sie nicht den von den Betroffenen erwarteten Zeithorizont widerspiegelt. Wenn einem Bürger gesagt wird, dass seine Maßnahme in zwölf Monaten an der Reihe ist, mag dies eine Enttäuschung hervorrufen, wenn man damit gerechnet hat, dass man eher zum Zuge kommt. Es ist aber allemal besser, als auf die Frage »Wann bin ich an der Reihe?« mit »Das wissen wir auch nicht!« und fortgesetzt auf die Frage »Wann wissen Sie das denn?« mit »Das wissen wir ebenfalls nicht« zu antworten. Verantwortung muss gebündelt werden. Es ist jetzt jemand gefragt, der eine solche oder eine vergleichbare Krise bereits gemanagt hat oder der zumindest die Fähigkeit dazu mitbringt. Diese Person – oder dieses Gremium, denn für eine einzelne Person ist das Aufgabenspektrum zu groß – muss zwingend mit Entscheidungskompetenz ausgestattet werden.

Einen wichtigen Tipp für Bürgermeister und Landräte möchten wir bereits an dieser Stelle bereithalten: Es ist in dieser so anstrengenden

Wiederaufbauphase zwingend erforderlich, für sich selbst und für die Akteure Erholungsphasen einzuplanen. Es macht keinen Sinn, permanent im roten Drehzahlbereich zu fahren. Das ist leichter gesagt als getan, aber es ist wichtig, sich vor Augen zu halten, dass man niemandem einen Gefallen tut, wenn permanent im Krisenmodus gefahren wird. Ein weiterer wesentlicher Hinweis für Bürgermeister und Landräte ist, eine echte Mannschaft bereitzuhalten, die sich der wesentlichen Themen annimmt.

Zu häufig beobachten wir, dass Themen an jeweils eine bestimmte Person angedockt werden, was immer das hohe Risiko der Sackgasse bei Ausfall der Person beinhaltet und damit ein Clusterrisiko darstellt. Hierzu wiederum ist ein deutliches Umdenken in den Verwaltungen erforderlich, es bedarf einer anderen Kompetenz in fachlicher und auch in weisungsbezogener Hinsicht. Wir werden auf diesen Punkt noch zu sprechen kommen.

Lösen wir uns einmal von den Betrachtungen, zu welchem Prozentsatz der Wiederaufbau bereits stattgefunden hat und schauen wir in die Zukunft. Wir können zusammenfassen, dass es, um diesen Wiederaufbau wirklich wirksam zu stemmen, mehrerer Dinge bedarf.

Wir brauchen:

- Einen **Masterplan**,
- Eine wirksame **Kommunikationsstruktur**,
- **Kompetente Akteure**,
- Eine **projektorientierte Vorgehensweise**, die die Vorteile von zentraler Führung und dezentraler Entscheidung vereint, und
- Neue Formen der **Führung** und der **Zusammenarbeit**.

Auch wenn dies alles schwerlich möglich oder gar unmöglich erscheint: Wir müssen darauf zielen, um wesentliche Schritte zu gehen und uns nicht im Kleinteiligen zu verlieren. Ein »Weiter so« ist nicht geeignet, um den Wiederaufbau zu schaffen und für die Zukunft gerüstet zu sein. Wann, wenn nicht jetzt, ist es an der Zeit?

Fünf Fragen an Jan Deuster

- Geschäftsführer der Stadtwerke Andernach
- Unterstützende technische Führungskraft im Ahrtal von der Blaulichtphase bis heute

»Wo steht Ihrer Auffassung zufolge heute – im Sommer 2023 – der Wiederaufbau im Ahrtal?«

Die Provisorien aus der Blaulichtphase scheinen einigermaßen stabilisiert. In weiten Teilen sind die Bestandsaufnahmen, zumindest im Groben, erfolgt. In kleineren regionalen Räumen und innerhalb bestimmter Organisationseinheiten gibt es vage Vorstellungen zur Priorisierung der bisher identifizierten Aufgaben; erste Einzelmaßnahmen für dauerhafte Lösungen sind auch bereits auf den Weg gebracht.

Was ich aber auch beobachte, ist, dass eine Federführung, ein roter Faden, ein Kompass für alle Beteiligten auch zwei Jahre nach der Katastrophe nicht erkennbar ist. Eine wirksame Vereinfachung der erforderlichen formalen Schritte wurde bisher nicht wirksam etabliert, obwohl dieses Problem an vielen Stellen als wesentliches Hindernis erkannt und kommuniziert wurde. Auch scheinen die beteiligten Organisationen und Behörden in vielen Teilen personell und organisatorisch massiv überfordert zu sein.

»Was ist Ihrer Meinung nach zurzeit die größte Herausforderung im Wiederaufbau?«

Ich erkenne vor allem drei Dinge: Erstens müssen die formalen Rahmenbedingungen erleichtert werden. Das Vergaberecht, reguläre Genehmigungsverfahren und die Fördermittel-Beantragung binden personelle Kapazitäten, die dringend für den laufenden

Betrieb und für die Projektleitung zahlloser Projekte benötigt werden. Die Erledigung der Formalitäten liefert keinen Beitrag zur Produktivität und generiert auch sonst keine nennenswerten Mehrwerte. Die bürokratischen Hürden müssen reduziert werden.

Zweitens scheint die Vielzahl der kleinteiligen und sehr heterogenen Organisationsstrukturen sowie die Vielzahl der kleinen kommunalen Betriebe überwiegend weder personell noch organisatorisch in der Lage zu sein, den laufenden Betrieb und zeitlich parallel die große Anzahl an zusätzlichen Projekten zu begleiten.

Drittens wirken die zusätzlichen Herausforderungen, die sich aus den allgemeinen aktuellen Rahmenbedingungen ergeben, vielfach wie ein destruktiver Katalysator auf Organisationen, hier insbesondere auf kommunale Betriebe. Beispielhaft sind Fachkräftemangel, nicht wettbewerbsfähige Tarife der öffentlichen Hand und eine extrem hohe Auslastung der unterschiedlichen Dienstleister zu nennen.

»Welche Erfolgsmuster sehen Sie auf kommunaler, regionaler, landes- und bundesweiter Seite?«

Wenn ich auf die Blaulichtphase schaue, während derer durch zwingend erforderliches schnelles Handeln oft in zwei Wochen so viele Ergebnisse erzielt wurden wie im Regelbetrieb nicht einmal binnen zwei Jahren, dann sehe ich, dass ein viel effizienterer und ergebnisorientierterer Einsatz aller Ressourcen durch drastische Reduzierung der Formalitäten erzielt werden kann, wenn alle Beteiligten das wollen.

Was wir auch erlebt haben, ist, dass Netzwerke und deren Unterstützung musterhaft Erfolg bringen. So haben erfahrene Akteure aus bestehenden, bekannten Netzwerken und auch aus Netzwerken, zu denen zuvor keine Verbindung bestand, als erfahrene Unterstützer im Einzelfall Projekte und lokale Akteure begleitet und fachlich coachen können. Als Beispiel sei hier die Ver- und Entsorgungsinfrastruktur genannt.

Ein weiteres Muster ist die Konzentration auf Funktionsfähigkeit. Es bedarf keiner großen Auswahl aus mehreren scheinbar perfekten Lösungen für jedes einzelne Problem. In der Regel genügt zunächst eine funktionierende Lösung.

»Was würden Sie sich im Bereich Neu- und Wiederaufbau wünschen?«

Ich wünsche mir eine drastische Reduzierung der Formalitäten, gern kann dies auch zeitlich und regional begrenzt sein. Ich wünsche mir überdies eine übergeordnete Organisation, die einen gemeinsamen roten Faden definiert, weiterentwickelt und dessen Umsetzung konsequent sicherstellt. Ich wünsche mir eine Bündelung der erforderlichen und verfügbaren fachlichen Kapazitäten zum effizienten Einsatz über Organisationsgrenzen und über kommunale Grenzen hinweg.

»Was kann und muss Deutschland aus dem Wiederaufbau im Ahrtal lernen?«

Wir können lernen, dass effiziente Hilfe im Katastrophenfall die Verfügbarkeit von fachlich versierten Helfern und den Wegfall von formalen Schwellen voraussetzt. Im Ahrtal haben zum Beispiel Fachkollegen aus dem Bereich Abwasser und Trinkwasser ohne formale Beauftragung ab den ersten Stunden entschlossen und ergebnisorientiert gehandelt. Wir müssen auch zur Kenntnis nehmen, dass behördliche und auch privatwirtschaftliche Personal- und Organisationsstrukturen, die im Regelbetrieb schon ausgelastet sind, nicht zusätzlich zum Tagesgeschäft noch eine Katastrophe oder den Wiederaufbau managen können. Immer wieder erkennbar ist, dass ein Zuständigkeitsgerangel beziehungsweise die Erklärung der Nicht-Zuständigkeit einzelner Organisationseinheiten und Personen keinesfalls Lösungsbeiträge liefert. Klare Verantwortungen, kurze Wege und schnelle Entscheidungen müssen möglich sein.

Kapitel 3
Infrastruktur ist selbstverständlich – und die Erde ist eine Scheibe

Alles, was nicht sichtbar ist, alles, was nicht unmittelbar ins Auge fällt, wird als selbstverständlich hingenommen. In Unternehmen wird es als selbstverständlich gesehen, dass die Logistik funktioniert, dass die IT funktioniert, dass die administrativen Prozesse funktionieren. Die Funktionen arbeiten unbemerkt, erfüllen ihren Auftrag und sie fallen erst dann (unangenehm) auf, wenn sie nicht oder nicht mit hinreichender Leistung beziehungsweise in hinreichendem Umfang zur Verfügung stehen.

Die Nutzer der kommunalen **Infrastruktur** – also wir alle – gehen davon aus, dass diese fortwährend zur Verfügung steht. Selbstverständlich steht Strom zur Verfügung, damit unsere Rechner funktionieren. Natürlich ist das Glasfaserkabel verfügbar, das die Daten blitzschnell überträgt. Selbstredend können wir unsere mobilen Telefone laden und natürlich auch betreiben. Das Wasser zum Zähneputzen und Händewaschen kommt wie von Geisterhand aus dem Wasserhahn und es läuft ebenso unbemerkt wieder ab und dies ist selbstverständlich.

Nein, dies ist mitnichten selbstverständlich! Wir sprechen hier über Elemente der unterirdischen Infrastruktur, über ein enormes kommunales Vermögen, das in den letzten Jahren und Jahrzehnten nicht immer und nicht überall die angemessene Beachtung gefunden hat. Ist es bei Elementen der sichtbaren Infrastruktur, wie zum Beispiel bei Brücken, Straßen, Wegen, Plätzen oder auch Funkmasten, noch offensichtlich, wenn ein Schaden eingetreten und die Nutzung möglicherweise eingeschränkt ist, erkennen wir die Schäden an der unterirdischen Infrastruktur, an dem unsichtbaren kommunalen Vermögen, erst dann, wenn die Leistung der Infrastruktur nicht mehr zur Verfügung steht.

Stromausfall? Kein Wasser aus dem Wasserhahn? Das Abwasser kann nicht mehr geklärt werden? Wir können nicht mehr miteinander telefonieren, weil die Funkzellen völlig überraschenderweise auch Strom benötigen? Kein Strom? Das gibt es doch gar nicht. Alles ist Neuland, alles ist überraschend, wie kann das denn sein?

Der wesentliche Nachteil der unterirdischen Infrastruktur in Bezug auf die Aufmerksamkeitsrelevanz ist tatsächlich, dass sie sich dem direkten Augenmerk entzieht. Die infrastrukturelle Funktionsfähigkeit, die weit über die oben genannten Elemente hinausgeht, kann nur von Fachkräften und Experten sichergestellt werden. Diese Fachkräfte und Experten müssen immer wieder dafür werben, dass in die einzelnen Infrastrukturelemente investiert wird – und das aus kommunaler Hand oder aus anderen öffentlichen Töpfen. Dies ist ein anstrengendes Unterfangen.

Auch für die jeweilige politische Führung ist es schwierig, Investitionen in Infrastruktur gut zu kommunizieren. Neubauten, wie zum Beispiel die erstmalige Herstellung und Inbetriebnahme einer Brücke, eines Wasser- oder Abwasseranschlusses, können als Erfolg hervorgehoben werden. Unterhaltungsmaßnahmen oder Ersatzmaßnahmen nach üblichen Nutzungszeiten sind eher langweilig und werden nicht selten als infrage zu stellende kommunale Ausgaben angesehen. Was stets als selbstverständlich funktionierend vorausgesetzt wird, wird nicht unmittelbar wertgeschätzt. Außerdem artikulieren Bürger immer höhere Ansprüche an kommunale Leistungen. Aber: Woher soll das ganze Geld kommen?

Interessanterweise hat die Infrastruktur und insbesondere der Erhalt, die Pflege, die Wartung von Infrastruktur nahezu keine Kommunikationslobby. Auch die Netzeigentümer stellen sich diesbezüglich nicht wirksam genug auf. Kleine Werke sind mit entsprechend kontinuierlicher und dauerhafter Kommunikation über den Sinn von Maßnahmen ohnehin angesichts knapper Ressourcen überfordert. Etwas leichter haben es diejenigen, die für die sichtbare Infrastruktur werben, denn wenn eine Brücke, deren Nutzung auch selbstverständlich ist, nicht mehr zur Verfügung steht oder Beschädigungen aufweist, wird hier schon eher Hand angelegt. Wir sprechen jetzt bitte nicht über die Negativ-Leuchtturm-Brücken auf der A1 bei Leverkusen oder über die mittlerweile gesprengte Brücke auf der A45 bei Lüdenscheid, die beide bereits hinreichend bundesweit Beachtung gefunden haben.

Wenn eine Straße nicht mehr befahrbar ist, werden schon eher Mittel ermöglicht, um die Nutzung wieder einzuräumen. Wenn ein Vorplatz – beispielsweise eines Bahnhofs – in die Jahre gekommen ist und optisch nicht mehr ansprechend anmutet (und dies möglicherweise sogar in einem Natur- oder Kurumfeld), ist die Bereitschaft zu investieren größer, als wenn »nur« Rohre, Kabel, Kläranlagen oder Abfallkonzepte erneuert werden. Die unterirdische, unsichtbare Infrastruktur hat nur eine winzige Lobby. Bereits nach den 1970er- und 1980er-Jahren hat die Aufmerksamkeit in Bezug auf Infrastruktur kontinuierlich abgenommen.

War die Aufmerksamkeit anfangs noch vergleichsweise hoch, weil in den westlichen Bundesländern viele Maßnahmen erstmals stattfanden und Infrastruktur mit ihrem spürbaren Nutzen erstmals geschaffen wurde, stehen heute andere Themen im Vordergrund. Abgesehen natürlich bei den Kommunen, die über eine politische Führung und fachliche Ausführungskompetenz, die *Infrastruktur* als Vermögensgegenstand versteht und entsprechend handelt, verfügen.

Die Flutkatastrophe im Ahrtal hat die gesamte Infrastruktur betroffen – die sichtbare wie die unsichtbare. Die Kunst besteht nun darin, die zur Verfügung stehenden Mittel in Milliardenhöhe sinnvoll einzusetzen. Es muss unfassbar viel Geld verarbeitet werden und natürlich sind diese Mittel, die zur Verfügung gestellt wurden, an bestimmte Verfahren zur Erlangung der Mittel gekoppelt. Dies ist geübte Praxis im Einsatz öffentlicher Mittel. Das bedeutet für die Behörden, welche diese Mittel beantragen, den Gang eines geübten Weges. »Natürlich hilft der Staat«, möchte man sagen. Das ist aber keineswegs selbstverständlich.

Für die betroffenen Bürger bedeutet es den Gang eines neuen, unbekannten Weges, der erheblichen Beratungsbedarf auslöst. Viele Bürger sind schon mit vergleichsweise einfachen Unterhaltungsmaßnahmen überfordert, geschweige denn mit einem Wiederaufbau. Das Land hat bereits eine »aufsuchende Hilfe« eingerichtet, um die förderungswürdigen und mitunter überforderten Bürger überhaupt aufzufinden. Hinzu kommt, dass viele der zu beantragenden Mittel bis zu einem bestimmten Zeitpunkt beantragt werden müssen, um überhaupt zuwendungsfähig zu sein. Zudem besteht bei den meisten Zuwendungen und Förderungen ein Erfordernis, dass die Antragsgenehmigung erteilt sein muss, bevor die Maßnahme beginnt. Die Entwicklungen zeigen aber, dass diese Zeitpunkte, die zur Beantragung und zum späteren Abruf der Mittel einzuhalten sind, in vielen Fällen gar nicht eingehalten werden können, weil der Plan für das, was gefördert werden soll, noch gar nicht steht. Dies ist weniger eine aktuelle Nachlässigkeit, die zu bemängeln wäre, sondern es ist vielmehr der Tatsache geschuldet, dass es eines übergreifenden Konzeptes bedarf, um nicht schlicht alte Zustände wiederherzustellen, sondern um zukunftsfähige Konzepte zu entwickeln, die auch über mindestens einige Jahrzehnte tragfähig sind.

Sicher sind alle Kommunen unterschiedlich aufgestellt. Eines aber ist ein durchaus zu beobachtendes Muster: In der Vergangenheit wurde – vorsichtig formuliert – nicht in jeder Kommune in Bezug auf die Infrastrukturelemente strategisch gehandelt. Stellt man heute die Frage »Wie sieht denn euer Verkehrskonzept aus, und zwar für die Situation heute und für die erwartete Situation in 10, 20 oder 30 Jahren?« erhält man häufig eine Antwort wie die folgende: »Nun, ein aktuelles Verkehrskonzept liegt gar nicht vor.« Fragt man weiter nach einem Fremdwasserkonzept, einem Dorferneuerungskonzept oder einem IT-Infrastrukturkonzept, bekommt man ebenso häufig die Antwort, dass ein solches Konzept nicht, nicht in der genügenden Tiefe oder nicht im genügenden Diskussions- und Verabschiedungsgrad, vorliegt. Dabei ist es nicht so, dass es gar keine Konzepte gäbe, aber viele der ehemals entwickelten Konzepte sind alt und bedürfen nicht nur der marginalen Korrektur und Anpassung an aktuelle Entwicklungen, sondern sie bedürfen der vollständigen Überarbeitung beziehungsweise Neuerarbeitung.

In der Vergangenheit wurde in vielen Kommunen einfach zu wenig Wert auf eine zukunftsfähige Infrastruktur gelegt, man hat sich zu häufig in kleinteiligen Dimensionen der Kommunalpolitik verloren – übrigens ein Muster, das wir nicht nur in der Kommunalpolitik und in der Diskussion infrastruktureller Aspekte erkennen, sondern das auch auf Landes- und auf Bundesebene beobachtbar ist: Die großen, wichtigen Dinge werden nicht angegangen, sondern man verliert sich in der Kleinteiligkeit und reibt sich dort auf, was mit etwas Abstand reine Zeitverschwendung ist.

Man mag sich nun fragen, warum dies so ist, denn es soll keine Gleichgültigkeit unterstellt werden – dies würde der Komplexität der Sachlage nicht gerecht werden. Wir werden auf einige der Ursachen im weiteren Verlauf dieses Buches noch zu sprechen kommen. Eine davon sei bereits angedeutet: Es fehlen häufig technische Führungskräfte und Zielplanungen, ebenso wie es an interkommunalen Abstimmungen mangelt. Doch davon später mehr.

Zunächst werden wir uns einmal mit den wesentlichen Infrastrukturelementen beschäftigen, die im Rahmen der Flutkatastrophe in Mitleidenschaft gezogen wurden. Dabei konzentrieren wir uns auf sieben Infrastrukturelemente: **Strom**, **Trinkwasser**, **Abwasser**, **Brücken**, **Abfall**, **Straßen** und **Wärme**.

Strom

Strom war zu Beginn der Katastrophe – und zwar unmittelbar mit dessen Ausfall – das wichtigste Infrastrukturelement, das fehlte. Nichts funktioniert ohne Strom. Kommunikation, Licht, Kühlung, Computer, Haustechnik, Pumpen, medizinische Geräte, nichts davon läuft ohne Strom. Man kann den Beginn des Stromausfalls noch über – hoffentlich geladene – Powerbanks im Privatbereich oder unterbrechungsfreie Stromversorgungen im Profibereich überbrücken und im hochsensiblen Bereich auch mit Generatoren arbeiten, aber dies ist doch kein Dauerzustand.

Man kann sich unschwer vorstellen, welch ungeheurer Druck insbesondere zu Beginn der Katastrophe auf den *Ahrtal-Werken* und auf *Westnetz* lastete, schnell und nachhaltig wieder für Strom zu sorgen. Krankenhäuser, Altenheime, Dialysestationen, lebensmittelkühlende Betriebe und viele andere mehr waren schließlich zwingend auf Strom angewiesen. Teilweise mussten Evakuierungen stattfinden und es mussten Maßnahmen ergriffen werden, Seuchen zu verhindern. Wir müssen in

Erinnerung behalten, dass sich die Flutkatastrophe im Hochsommer bei ebenso hochsommerlichen Temperaturen ereignete. Denken wir daran: Auch eine Kläranlage funktioniert nicht ohne Strom.

Es war selbstverständlich enorm schwierig, ein Lagebild zu bekommen, sodass die Akteure, die sich mit der Wiederherstellung der Stromversorgung beschäftigten, überhaupt einmal ein Packende bekamen. Plötzlich war klar, dass zu Beginn vor allem Ahrquerungen fehlten, und der Druck, wieder über ein funktionierendes Stromnetz zu verfügen, war derart groß, dass kurzfristig Ahrquerungen allein für den Strom gefertigt wurden, ohne sich mit weiteren Versorgungsträgern abzustimmen. Strom musste wieder her, und zwar schnell.

Wie alle Versorgungsträger profitierten auch die *Ahrtal-Werke* von ihren persönlichen und institutionellen Netzwerken. Die Stadtwerke Schwäbisch Hall sind zu 49 Prozent an den *Ahrtal-Werken* beteiligt[4] und dies war nun ein nicht zu vernachlässigender Vorteil, wurden die *Ahrtal-Werke* natürlich entsprechend unterstützt. Auch bundesweit boten Stadtwerke Hilfen an, sodass Schritt für Schritt Dinge wieder in Gang kamen.

Das zu Beginn fehlende Lagebild war ein großer Engpass und die Teilnehmer unterschiedlicher täglicher Krisensitzungen waren der Tatsache, welche mancherorts fortwährend vorgetragen wurde, dass noch kein Lagebild vorläge und es schwierig sei, ein solches zu bekommen, zunehmend überdrüssig. Irgendwann gab es aber dieses Lagebild und es wurde ein Notnetz gebaut. Die Frage, die unmittelbar zu beantworten war, lautete: Welche Bezirke hängen zusammen, wo befindet sich schon wieder Strom? Eine im Internet verfügbare Karte trug dem relevanten Informationsbedarf Rechnung.

Der Strom konnte im »nassen Bereich« natürlich erst dann wieder angeschaltet werden, nachdem alle Häuser begangen waren, denn sonst hätte es ja weitere Verletzte und möglicherweise Tote durch Stromschläge

4 Vgl. Stadtwerke Schwäbisch Hall GmbH (2021). Geschäftsbericht 2021; https://stadtwerke-hall.de/fileadmin/files/Downloads/UeberUns/Daten_und_Zahlen/Geschaeftsbericht_2021_final_web.pdf; besucht am 31.10.2023.

gegeben. Nun waren viele Eigentümer, vor allem auch Mieter und Feriengäste, nicht erreichbar, obwohl man sich seitens der Verantwortlichen sehr viel Mühe gegeben hatte. Dies führte dazu, dass gesamte Straßenzüge keinen Strom bekommen konnten, weil es eben noch unsichere Orte innerhalb der lokalen Stromtrasse gab.

Die Situation ohne Strom stellte sich als ausgesprochen schwierig dar. Sehr erleichternd war es, dass in den Nachbartälern und auch auf den Talrücken Strom verfügbar war. Man mag sich gar nicht vorstellen, was ein vollständiger regionaler Blackout – über mehrere Täler und Flächen hinweg – verursacht hätte oder verursachen würde. Die Konsequenzen übersteigen das Vorstellungsvermögen derer, die so etwas bis jetzt nicht erlebt haben und sich nicht täglich mit Infrastruktur auseinandersetzen. In der Fachwelt wurde diskutiert, ob es überhaupt möglich wäre, die öffentliche Ordnung bei einem noch umfangreicheren Stromausfall aufrechtzuerhalten. Was wäre, wenn ein solches Ereignis im Ruhrgebiet statt im Ahrtal stattfände?

Die Erfahrungen der Flutkatastrophe sollen unbedingt dazu genutzt werden, um Szenarien durchzuspielen und dezentrale Zwischenlösungen zu planen, um für den Fall der Fälle gerüstet zu sein. Hoffentlich wird der Plan nie gebraucht, möglicherweise wird er im Ernstfall auch an einigen Stellen aus Gründen der Unabwägbarkeit von Ereignissen nicht funktionieren, aber ohne Plan würde alles dem Zufall zum Opfer fallen.

Wieder warm duschen zu können, das wurde zum absoluten Luxus – aber davon waren wir noch weit entfernt, denn wir hatten, selbst als der Strom wieder abrufbar vorhanden war, noch kein Wasser.

Trinkwasser

Unmittelbar nach dem Strom hatte die Trinkwasserversorgung die nächsthöhere Priorität. Trinkwasser, das wir als selbstverständlich annehmen, benötigen wir zur Körperpflege, zur Abführung von Abwasser, wir brauchen es als Lebensmittel, als Reinigungsmittel, zur Produktion, als Getränk oder als Getränkegrundlage, um nur einige Nutzungsdimensionen zu nennen. Demzufolge waren die Anforderungen und die Erwartungen der Bevölkerung massiv, dass bald, sehr bald nach Unterbrechung wieder Trinkwasser zur Verfügung stehen solle. Diese Erwartungen waren nicht zuletzt deswegen so groß, weil das gesamte Gebiet, auch nach Abzug der Ahr, massiv verschlammt war.

Auch im Bereich der Trinkwasserversorgung war die Lage längere Zeit unklar. Wir haben zunächst die betroffenen Städte Sinzig und Bad Neuenahr-Ahrweiler mit Bestandsplänen versorgt. Zu diesem Zweck hatten wir unseren Server zu einem Mitarbeiter nach Brohltal verlegt, weil dort Strom und leistungsfähiges Internet vorhanden waren. Über einen VPN-Tunnel konnten wir auf den Server zugreifen und jeder aus dem Ingenieurbüro konnte auch wieder Pläne drucken.

Das Wasserdargebot kommt in der Stadt Bad Neuenahr-Ahrweiler in großen Teilen vom Wahnbachtalsperrenverband. Der Verband konnte weiterhin Trinkwasser liefern, wir konnten es aber nicht in der gesamten Stadt hinreichend zielgerichtet verteilen. Es galt also zunächst, die unkritischen, trockenen Stadtteile zu betrachten. So konnte die Wasserversorgung im Krisenzentrum an der Feuerwehr in Bad Neuenahr recht schnell wiederhergestellt werden, sodass eine Basis für die Feuerwehren geschaffen war.

Einige Aufklärungstage wurden erforderlich, weil sich die Betroffenheit des Wasserwerks an der eigenen Wassergewinnung in Walporzheim als schwierig darstellte. Schnell wurde auch klar, dass die meisten Ahrquerungen zerstört waren, dass die Pumpstation in Lohrsdorf ausfiel, weil sie im unmittelbaren Bereich der Ahr lag, und dass alle Leitungsachsen in der Nähe der Ahr als unsicher einzustufen, wenn nicht sogar sichtbar zerstört waren. Ein ähnliches Bild bot sich in Sinzig. Noch dramatischer war die Situation an der Mittelahr, denn dort waren für jedes Dorf Einzellösungen erforderlich.

So stellte sich, wie mit anderen Infrastrukturelementen auch, beim Trinkwasser heraus, dass es nur wenige echte Experten gab, die sich hinreichend gut auskannten und die, relativ zügig, wirksame Wege aufzeigen konnten, um Verfügbarkeit des Trinkwassers zu ermöglichen. Dies war nicht zuletzt deshalb der Fall, weil neben Fachkenntnissen auch immer Ortskenntnisse und Klarheit über die Zusammenhänge notwendig sind. Fehlten diese Kenntnisse, musste ein einheimischer lokaler Experte hinzugezogen werden. Diese lokalen Experten aber waren rar, es gab keine Handvoll – weder in Sinzig noch in Bad Neuenahr-Ahrweiler noch in der Mittelahr.

In diesem Fall kaprizierte sich die gesamte Anforderungspalette auf einen Wassermeister und einen Techniker sowie einzelne Monteure, in Sinzig und Altenahr noch auf jeweils einen Ingenieur. Es war schlicht unmöglich, dass dieses kleine Team an allen möglichen Stellen berichten und koordinieren sollte. Es waren viel zu wenige Akteure mit technischem Hintergrund und Ortskenntnissen vorhanden. Der Werkleiter aus Bad Neuenahr-Ahrweiler, der natürlich ebenfalls eine hohe Kompetenz mitbrachte, war von der Flutkatastrophe selbst massiv betroffen und fiel in den ersten drei Wochen großflächig aus, weil er an der eigenen privaten Front zu kämpfen hatte.

Es galt, die wenigen Techniker, die zur Verfügung standen, zu gewinnen, um die Kernprobleme aktiv zu lösen. Daher betrachteten wir in der ersten Blaulichtphase auch die Arbeit der unterschiedlichen Krisenstäbe in den unterschiedlichen Lagezentren kritisch, weil diese sehr unterschiedlich effektiv arbeiteten, keine Zeit blieb, die Lage zu erfassen und diese Lage sich im Übrigen hochdynamisch entwickelte. Wir versuchten die Techniker von den Präsenzverpflichtungen in denjenigen Krisenstäben, innerhalb derer wenig effektiv gearbeitet wurde, zu entbinden, um zu ermöglichen, dass die wirklichen Probleme gelöst werden konnten. Das ging dann sogar insgesamt optimal auf.

In der Arbeit mit den Stadtwerken Sinzig hatten wir nicht nur erhebliche inhaltliche Fortschritte zu verzeichnen, sondern es war am Rande auch ein technisches Kuriosum zu vermerken, denn die Stadtwerke Sinzig waren den Stadtwerken Andernach äußerst dankbar, dass diese ihnen ihre Satellitentelefone zur Verfügung gestellt hatten. Die Geräte, von denen man geglaubt hatte, dass man sie niemals brauchen würde, erwiesen sich plötzlich in den Zeiten, in denen die landgestützten Funkverbindungen nicht stabil waren, als überaus hilfreich.

Im Dialog mit den Stadtwerken Sinzig gelangten wir auch hier, wie in Bad Neuenahr-Ahrweiler sehr schnell an das Thema *Ahrkreuzungen*. Es gelang uns, ein großes Projekt mit dem Gasversorger der *Deutschen Steinzeug* und den Netzbetreibern aufzubauen. Schnell wurde klar, dass der Brückenbau an der Bundesstraße 9 maßgeblich alle anderen Baumaßnahmen betreffen würde. Dies vor Augen habend, trieben wir insgesamt vier Trassen als Rohrvortrieb mit einem Durchmesser DN 1400 voran. Dies war nur möglich, weil das Bauunternehmen das Vorhaben schnell beginnen konnte und auf der Kläranlage eine starke Projektmannschaft entstanden war.

Hier waren – wie wir sie bei *localexpert24* nennen – Diamant-Experten, also besonders erfahrene, oft schon im Ruhestand befindliche Experten mit einem enormen Wissen, mehrere Ingenieurbüros, Leiter von benachbarten Werken, hochwirksame Mitarbeiter von Bauunternehmen und ebenso hochwirksame Mitarbeiter der Kläranlage in ein starkes Projektteam eingebunden. Das Besondere an diesem Gesamtprojekt war, dass wir innerhalb weniger Tage sowohl die wasserrechtlichen und vor allem auch die bahnrechtlichen Genehmigungen erhalten konnten. Dies war ein wesentlicher Erfolgsgarant für den Start des Projektes und für den weiteren Verlauf.

Die Trinkwassersituation zu beherrschen, war eine ganz zentrale Aufgabe. Auch wenn wir oft versucht waren, Lösungen »schnell, schnell« zu produzieren, weil wir meinten, genau zu wissen, was zu tun war, konzentrierten wir uns doch auf das Erfolgsmuster, zunächst das jeweils anstehende Gesamtvorhaben zu durchdenken, Pläne zu diskutieren, Ideen zu verwerfen und finale Pläne zu verabschieden, denn dann wurde aus dem »schnell, schnell« ein echtes Bauprojekt, das von den eingespielten Profis umgesetzt werden konnte. Es galt, der Versuchung zu widerstehen, die Erfahrung zu nutzen, um zu schnell eine Lösung herzustellen, die später keinen Bestand haben würde. Abgesehen davon waren natürlich Notsituationen, in denen genau dieses »schnell, schnell« gefragt war und Dinge auch rasch durchgezogen werden mussten.

Während ich selbst vor allem in Bad Neuenahr-Ahrweiler unterwegs und aktiv war, unterstützten meine Mitarbeiter Sinzig sehr stark in Bezug auf die Trinkwassersituation. Ich stand im regelmäßigen Austausch mit dem Werkleiter, der die Trinkwasserversorgung im stark betroffenen Teil der Mittelahr wieder aufbauen sollte. In vielen Telefonaten tauschten wir hierfür Ideen und auch Akteure aus. Es zeigte sich wieder, dass das Vernetzen unglaublich wichtig ist.

Ein ganz praktisches Beispiel: Eine Tante meiner Frau, Tante Heidi, eine Ärztin, die bei der Hilfsorganisation *NAVIS e.V.* – einer ehrenamtlichen Hilfsorganisation bei Katastrophen im In- und Ausland – aus der Nähe von Landshut (Bayern) arbeitet, konnte ich hilfsweise an die Mittelahr weiterleiten. Zuvor hatte Tante Heidi tagelang versucht, ihre Hilfe zu platzieren, was aber dadurch, dass sie keinen Ansprechpartner gefunden hatte, vergeblich blieb. Durch den Kontakt zu mir konnten wir ihr einen Einsatzort in Ahrbrück finden. Die Hilfsmannschaft reiste am Wochenende an, übernachtete zunächst bei meiner Schwägerin und meinem Schwager Justin Hoerster, der auch zugleich leitender Mitarbeiter in meinem Unternehmen ist, und fuhr von dort aus dann an die Mittelahr in den Einsatz. Beispiele dieser Art gibt es Dutzende. Es kam und kommt also nicht nur auf das Hilfsangebot an, sondern auch darauf, dass dieses Hilfsangebot zielgerichtet dort ankommt, wo es auch gewürdigt, wertgeschätzt und genutzt werden kann. Einen nennenswerten Zeitanteil unserer Arbeit investierten wir in derartige Koordinationen, weil wir so als Multiplikatoren wirken konnten und unsere Hilfe nicht nur auf uns selbst beschränkt war.

Eine ganz wesentliche Rolle bei meiner Arbeit in Bezug auf die Trinkwasserversorgung spielten die sogenannten »Supporter«. Dies waren (und sind noch) buchstäblich Unterstützer, die Wege freimachten und Dinge ermöglichten, die ohne sie nicht möglich gewesen wären. Für mich war sehr schnell Steffen Liehr, der Werkleiter von *RheinHunsrück Wasser*, wichtig. Herr Liehr konnte sich tief in die Materie einarbeiten und den Kräften vor Ort direkt helfen. Die Supporter hatten eine ganz wesentliche Funktion im gesamten Stabilisierungs- und Wiederherstellungsprozess. Sie hatten auch eine Schutzfunktion.

So hatte unter anderem die *Struktur- und Genehmigungsdirektion (SGD)* den Koblenzer Werkleiter beauftragt, sich nach der Situation in den

Wasserwerken im Ahrtal zu erkundigen und einen Bericht auch an die Landesregierung zu erstellen. Als der Werkleiter aus Koblenz den Werkleiter Liehr (Rhein-Hunsrück) traf und unser Team in der Steuerung kennenlernte, war er direkt beruhigt. Er wusste genau, dass die Dinge in guter Hand waren und die lokalen Experten die besten Lösungsteams stellen konnten, welche die Trinkwasserversorgung wiederherzustellen in der Lage waren. Die Expertise der Supporter, die mit einem objektiveren Blick auf die Sachlage schauten, war hier maßgeblich dafür, dass auch in der Folgezeit offensichtlich das Vertrauen in unsere Arbeit vor Ort bestand.

Etwas bedauere ich heute immer noch ein wenig, und zwar, dass ich kein ähnliches Format wie die *Thürer Runde*, die im Abwasserbereich entstanden war, auch für den Trinkwasserbereich hinbekommen habe. Der direkte Austausch mit dem Ministerium, die direkten Schnittstellen, die wir geschaffen hatten, nicht nur zu den Abwasser-, sondern auch zu den Trinkwasserakteuren herzustellen, war mir ein Anliegen und der Erfolg der *Thürer Runde* ließ es mir sinnvoll erscheinen, das gleiche Format, das im Abwasserbereich so wunderbar funktionierte, auch für den Trinkwasserbereich aufzubauen. Gelungen war mir das aber nicht. Ich erfuhr auf indirektem Wege vielmehr, dass die öffentliche Hand die erforderlichen Lösungen offenbar ohne Ingenieurbüros schaffen wollte. Ich fühlte mich sehr erinnert an ein Kapitel aus *Die Wahrheit liegt vor der Baggerschaufel*, in dem wir darüber gesprochen hatten, dass es viel leichter ist, eine Kerze auszublasen, als eine Kerze anzuzünden. Die Kerzenausbläser, wie ich sie zugegebenermaßen mitunter geringschätzend nenne, waren schneller wieder da als gedacht. Selbst in einer Katastrophensituation. Nein, Namen werden nicht genannt, aber die Beteiligten werden wissen, wer gemeint ist.

Zusammen mit meiner Frau konnte ich anhand von *WhatsApp*-Nachrichten noch einmal genau nachvollziehen, wann wir in unserem Privathaushalt wieder über Trinkwasser (beziehungsweise, um genau zu sein, zunächst nur über Brauchwasser) verfügen konnten. Dies war ein spannender Prozess. Außerdem bekam ich in Gesprächen mit dem

Wassermeister mit, wie er die unterschiedlichen Versorgungsbereiche Schritt für Schritt wieder mit Wasser füllte, was im Prinzip ein Herantasten war, denn niemand wusste, ob dieses Befüllen tatsächlich klappen würde.

Ab dem 18. Juli 2021 versuchte der Wassermeister, den Bereich Heimersheim wieder zu füllen und testete dabei die vorhandenen Ahrkreuzungen. Ich rief meine Frau an und bat sie, zu testen, ob das Wasser wieder verfügbar sei. Nach einer ersten Negativmeldung berichtete sie dann kurz darauf hocherfreut, dass wieder Wasser verfügbar war. Die Freude darüber kann man nicht in Worte fassen. Die Leistung dahinter kann gar nicht hoch genug wertgeschätzt werden, denn bereits vier Tage nach der Zerstörung des gesamten Infrastrukturelements *Trinkwasser* stand wieder Wasser zur Verfügung. Eine wahrliche Meisterleistung. Mein persönlicher Dank gilt dem Wassermeister Dieter Becker, mit dem wir schon seit Jahrzehnten bei inzwischen zwei Versorgungsträgern erfolgreich zusammenarbeiten. Danke, Dieter!

Auch eine weitere Geschichte möchte ich noch teilen, weil sie einen Hinweis darauf gibt, wie wichtig es in solchen Katastrophen ist, jede mögliche Chance wahrzunehmen: Meine Mobilfunknummer kursierte immer schneller im Kreise der Fachleute und auch im Kreise der Bevölkerung, denn als Infrastrukturexperten mitten im Katastrophengebiet waren wir praktisch 24 Stunden und sieben Tage in der Woche gefragt. Morgens zwischen fünf und sieben Uhr hatte ich über mehrere Tage einen *WhatsApp*-Austausch mit einem Betriebsleiter eines Altenwohnheims, nennen wir ihn hier einmal Philipp. Philipp wies mich darauf hin, dass er dringend über die Trinkwassersituation Bescheid wissen müsse, da seitens der Aufsicht der Wohnstätte eine Evakuierung der 100 Bewohner angedeutet wurde. Im Pflegebereich bedarf es selbstverständlich einer hohen Menge Trinkwassers, das keineswegs verunreinigt sein darf, und es wurde erkannt, dass es den Pflegekräften nicht mehr zuzumuten war, Trinkwasser in Eimern, die aus Vorratsbehältern gespeist wurden, welche immer wieder angeliefert werden mussten, in die oberen Etagen zu tragen.

Auch in diesem Fall war der Supporter Steffen Liehr wieder zu Stelle, weil wir die erforderliche Ahrkreuzung mit seiner Hilfe Schritt für Schritt gezielt voranbringen konnten. Eine schnelle Taktung der Gespräche war erforderlich: Ein Gespräch auf dem Flur nach der Teambesprechung, ein Morgenstartgespräch, ein Telefonat, nach und nach kamen alle Informationen zusammen, um dieses schwierige Thema *Ahrkreuzung* zu bewältigen. Als es dann so weit war, dass die Ahrkreuzung nach bestem Wissen und Gewissen belastbar war, testeten wir sie und im zweiten Versuch hoben wir auf der südlichen Ahrseite den Wasserdruck an. Dies teilte ich in einem der morgendlichen *WhatsApp*-Austausche Philipp mit. Von ihm kam dann die Erfolgsmeldung, dass im Keller Brauchwasser ankäme, aber eben noch nicht im ersten Stock des Altenwohnheims. Ein weiterer Tag der Justage verging und innerhalb dessen bekamen wir auch dies hin. Das Dranbleiben war der Erfolgsfaktor und das ganze Quartier profitierte davon.

Dies ist wieder ein Beispiel für einen der buchstäblich hunderten Austausche, die zu Einzellösungen geführt haben und von denen das große Ganze profitiert hat.

Durch den Ausfall der Pumpstation in Lohrsdorf, einem Stadtteil von Bad Neuenahr-Ahrweiler mit etwa 700 Einwohnern, hatten wir ein Versorgungsproblem. Mit Dieter Becker und einem meiner langjährigen Experten, Reinhold Ebben, fanden wir eine Trasse durch die Weinberge, die wir mit einer Feuerwehrschlauchleitung und einer Ultrafiltrationsstation der Firma *Mösslein* ausstatteten. Auf diese Weise konnten wir eine – zugegebenermaßen sehr provisorische, aber wirksame – Wasserversorgung für den Stadtteil Lohrsdorf sicherstellen. Die Feuerwehrschläuche waren allerdings sehr störanfällig, denn an vielen Stellen verloren wir Wasser durch Undichtigkeiten. Es musste eine feste, im Boden verlegte Leitung geschaffen werden.

Wo sollte aber eine Baufirma herkommen, einmal ganz abgesehen vom Material oder von den Formteilen? Zufällig hatten wir vor einiger Zeit bei den Stadtwerken Meckenheim (Nordrhein-Westfalen) eine ähnliche Maßnahme ausgeschrieben und diese wurde an das Unternehmen *Strabag* vergeben. Aus dem Krisenstab rief ich den technischen

Beigeordneten Heinz Peter Witt an und schilderte ihm die Situation. Am Telefon gab er mir die Zusage, dass wir die für Meckenheim vorgesehene Baumaßnahme (Material, Formteile, Baufirma) im Ahrtal einsetzen durften. So hatten wir eine gute, faire Vertragsgrundlage und eine gesamtwirtschaftliche Lösung für die Einwohner von Lohrsdorf. Im Anschluss an die Rettungsbaustelle in Heppingen und Lohrsdorf wurde von der Firma *Strabag* auch die Maßnahme in Meckenheim zur Zufriedenheit ausgeführt. Professionelle und vertrauensbasierte Zusammenarbeit war hier das Erfolgsmuster. Diese interkommunale Hilfe konnte nur stattfinden, weil wir als Experten das Wissen über die Maßnahme in Meckenheim hatten.

Ein weiteres Beispiel zeigt die Wichtigkeit derjenigen, die im Verlauf der Katastrophenbewältigung den Begriff »Supporter«, der sich automatisch ergab, zugesprochen bekamen. Es war wichtig, die Schulen nach den Sommerferien wieder in Betrieb zu nehmen. Da die meisten Schulen zerstört waren, mussten Ausweichschulen gesucht werden. Schnell wurde das alte, kurz vor der Katastrophe außer Betrieb genommene Kloster Kalvarienberg in Betracht gezogen. Nachdem die Organisation schon gut vorangeschritten war, kam auf einmal ein Hilferuf über die *WhatsApp*-Gruppe der Supporter. Da die Klosterschule am Berg liegt, verfügt sie nicht über Trinkwasser mit ausreichendem Wasserdruck. Ich hatte kaum begonnen, mir Gedanken zur Lösung zu machen, als der Werkleiter der Stadtwerke Andernach, Jan Deuster, ein Supporter der ersten Tage in die Gruppe schrieb: »Habe mit meiner Mannschaft diskutiert, ob es irgendwie möglich ist, über Nacht eine mobile Druckerhöhungsstation auf einem Anhänger zu montieren und ein Stromaggregat zu organisieren. Wir denken spätestens Sonntag ist alles vor Ort und in Betrieb!«

Dies zeigt einen besonderen Wert von technischen Führungskräften aus kommunalen Betrieben. Sie haben nicht nur das Fachwissen für lokale Lösungen, sie verfügen auch über Mittel und Ressourcen, um Lösungen schnell umzusetzen.

Deswegen sage ich immer: »Seid freundlich zu euren Nachbarn. Ihr wisst nicht, wann ihr sie braucht!«

Abwasser

Wir dürfen nicht den Anschein erwecken, als seien die einzelnen Infrastrukturelemente isoliert voneinander zu betrachten. Strom als wichtigstes Element steht tatsächlich vorn, denn ohne Strom gibt es weder Kommunikation noch Information noch Trinkwasserversorgung noch Abwasserentsorgung. Trotzdem greifen viele Maßnahmen parallel und ein rein sequenzielles Abarbeiten der einzelnen Infrastrukturelemente würde Zeitverschwendung bedeuten, denn auch ohne Strom können bereits Maßnahmen ergriffen werden, die wichtige Vorlaufzeiten verkürzen. Gleichwohl neigen wir dazu, die Priorität nach Strom auf die Trinkwasserversorgung und dann die Abwasserentsorgung zu setzen. Dies gilt allerdings auch spezifisch für die Situation im Ahrtal, die sich im Juli, also im Hochsommer, ereignete. Hätte sich eine solche Katastrophe in den kalten Herbst- oder Wintermonaten ereignet, hätte das Infrastrukturelement *Wärme* schlagartig eine wesentlich höhere Bedeutung erlangt, als dies im Sommer der Fall war.

Abwasser ist vielleicht das am wenigsten gewürdigte Infrastrukturelement überhaupt. Selbst in einer Katastrophensituation wie der im Ahrtal lag – unausgesprochen – die Annahme nahe, das Abwasser flösse schon irgendwo hin. Einmal ganz abgesehen davon, dass Trinkwasser – oder zumindest Brauchwasser – benötigt wird, um Abwasser zu bilden und um die im Abwasser befindlichen flüssigen und festen Stoffe zu entsorgen, und ausgehend von der Tatsache, dass Trink- und Brauchwasser zunächst nicht zur Verfügung standen – also kein Abwasser gebildet werden konnte –, hätte dies auch gar nicht abgeführt werden können, denn die Abwasserrohre und die Kläranlagen waren funktionsunfähig. Es war kein funktionierendes Abwassersammlernetz vorhanden und die Anlagen, die das Klärwasser wieder zum Trinkwasser umfunktionieren, waren ganz oder in Teilen zerstört. Eine Abwasserableitung war nicht vorhanden.

Insbesondere im Hochsommer kann sich ein solches Problem schnell zu einem akuten Gesundheitsproblem beziehungsweise zu einer Gesundheitsgefährdung auswirken. In manchen Wohngebieten sprudelte das Abwasser wie aus einer Quelle und strömte in die umliegenden Liegenschaften, was selbstverständlich eine unglaubliche Belastung für die Anwohner war, die den Schlamm zu bewältigen hatten.

Erst wenn die private Abwasserleitung – oder auch die öffentliche – nicht mehr funktioniert, wird das Thema *Abwasser* auf den Wahrnehmungsradar gebracht. Man kennt den Umfang des Schadens nicht, man weiß nicht, wie beispielsweise Fäkalien abgeführt werden sollen und in der Katastrophe ist auch niemand da, der das Problem behebt. Staut sich in der Normalsituation das Abwasser in der Toilette oder in der Spüle, ruft man den Rohrreinigungsservice oder den Sanitärinstallateur an, dieser kommt und behebt den Schaden. In einer Katastrophensituation sieht dies alles völlig anders aus. Das Abwasser kann nicht abgeführt werden, selbst dann, wenn Trink- oder Brauchwasser als Transportmittel zur Verfügung steht und die Not groß ist. Ist dies bei Privathaushalten bereits eine überaus schwierige Situation, eskaliert diese schnell in Hotels, Unternehmen, Schulen oder medizinischen Einrichtungen wie Kliniken, Pflegeeinrichtungen oder Arztpraxen.

Selbstverständlich gibt es Experten auch für diese Situationen. Kanalsanierer können sich nach einer Kanalspülung einen Überblick über das Schadensbild verschaffen und Sanierungsvorschläge unterbreiten, aber wir sprechen hier von einer flächendeckenden Katastrophensituation. Wo soll man anfangen? Was passiert, wenn keine sogenannte Vorflut vorhanden ist, wenn kein Abfluss erzeugt werden kann? In diesem Fall muss das Schmutzwasser von einem Saugwagen aufgenommen werden. Aber wer hat Saugwagen? Und wie viele sind wo vorhanden? Wer soll die Saugwagen, von denen wir nicht wissen, wer sie hat und wie viele es sind, koordinieren? Wer setzt die Prioritäten? Woher bekommen wir eigentlich Spülwasser? Wenn Saugwagen mit den Teams vor Ort sind: Wo sollen die Helfer übernachten? Wo sollen sie tanken? All dies waren nur beispielhafte Fragen, die uns in den ersten Tagen der Katastrophe in dieser hochsommerlichen Situation in Bezug auf Abwasser bewegten. Mangels eines vollständigen Lagebildes waren wir darauf angewiesen, Einzelfallhilfen zu leisten. Dass diese nur sehr behelfsmäßig auf Prioritäten ausgerichtet waren, ist leicht vorstellbar.

Erwähnung finden muss erneut, dass zu all den inhaltlichen Fragen auch die Verfügbarkeitsfragen kamen, denn viele der Experten, die wir hätten fragen können, konnten wir entweder nicht erreichen oder sie waren selbst von der Flutkatastrophe betroffen, sodass sie sich zunächst einmal um die eigene Situation zu Hause – um das eigene Haus, die Familien, weitere Angehörige – kümmern mussten. Ich stelle bei Vorträgen immer die Frage an die Zuhörer (oft Bürgermeister, technische Werkleiter und Meister): »Wenn Sie zu Hause bis sechs Meter Wasser – in Ihrem Privathaus – stehen haben, wann gehen Sie wieder zur Arbeit, wo Sie natürlich sehr gebraucht werden? Wie viele Tage wollen Sie am liebsten zu Hause bleiben? Wie viele Stunden kommen Sie zur Arbeit? Über wie viele Wochen können Sie über 40 Stunden arbeiten?« Diese Fragen lösen immer eine persönliche Betroffenheit aus. Es wird still im Saal, keiner hat das Wort »Katastrophe« bisher mit diesen Fragen zusammengebracht.

Es ist klar: Es ist in einem solchen Fall fast niemand aus dem Umfeld der Betroffenen verfügbar oder die Verfügbarkeit beschränkt sich auf einige Stunden. Auch die Spontanhelfer können nur bedingt aushelfen. So war es auch bei uns: Hoch spezialisierte, dringend benötigte Akteure der Werke, der Bauunternehmen, der weiteren Handwerksunternehmen, von Ingenieurbüros und in der Verwaltung waren nicht oder nicht hinreichend einsatzfähig, da sie verständlicherweise erst einmal die Gesundheit ihrer Familie und die eigene private Existenz sichern mussten. Auch die Mitarbeiter meines Ingenieurbüros, die aus dem Ahrtal kamen, waren nicht vollständig verfügbar. Erst nach fünf langen Tagen war der Kontakt zu allen Mitarbeitern vollständig wieder hergestellt.

Bereits als ich in den Krisenstab am Freitag und Samstag nach der Katastrophe mit der Abwassersituation und der Tatsache konfrontiert wurde, dass zahlreiche Experten nicht erreichbar sein würden, wurde mir klar, dass wir rasch Strukturen schaffen mussten, egal welche, aber es musste Struktur her. Mir war auch klar, dass die Bürgermeister und die Beigeordneten dem Thema *Infrastruktur* nur geteilte Aufmerksamkeit schenken konnten, denn sie mussten sich um eine unübersehbare Vielzahl verschiedener Themen kümmern.

Also hängte ich zunächst Übersichtskarten auf, die die verschiedenen Bereiche auswiesen, und bat alle Teilnehmer des Krisenstabes, Informationen zu den Bereichen auf eine Haftnotiz zu schreiben und diese an den entsprechenden Bereich zu kleben. Das half zunächst bei der strukturierten Informationssammlung.

Einer meiner erfahrensten Mitarbeiter – der sich in Altersteilzeit befindet und der in dieser Altersteilzeit mehr bewirkt als mancher Mitarbeiter eines Unternehmens in der aktiven Zeit – ging an der Ahr entlang, um sich ein eigenes Bild des Schadens zu machen. So stellte er den Gesamtschaden von der Kläranlage Sinzig bis nach Rech auf. Mit diesen Informationen wussten wir, wo der Hauptsammler, der die Ortskanalnetze zur zentralen Kläranlage nach Sinzig führt, zerstört war. Wir wussten aber auch, wo wir ihn einsetzen konnten. Da dieser Sammler auch Gemeinden außerhalb des Ahrtals zur Kläranlage führt – zum Beispiel werden Teile der Abwässer aus der Gemeinde Grafschaft oder aus der Stadt Bad Breisig dorthin abgeleitet –, bekamen plötzlich als Nebeneffekt auch Kommunen außerhalb des Ahrtals ein veritables Abwasserableitungsproblem. Dieses Problem war nicht nur hinsichtlich seiner Auswirkungen relevant, sondern es war auch deswegen rechtlich sensibel, da es sich im Bereich des Umweltrechts befand. Jede betroffene Kommune musste also mit der Aufsichtsbehörde klären, wie zu verfahren war.

Als das gesamte Ausmaß der anstehenden Arbeit auch nur ansatzweise erkennbar war, zogen wir immer mehr Ingenieurbüros hinzu. Natürlich waren diese auch vielfach überbucht, aber sie halfen, wo sie konnten. Das Büro *Porz & Partner* aus Sinzig-Bad Bodendorf sorgte sich unter anderem um die Wiederherstellung der Vorflut, die für die korrekte Abwasserabführung zwingend erforderlich ist. So wurden alle Kanäle, die in die Ahr führen und das Regenwasser abführen – das auch zum Abwasser gehört! – grob funktionsfähig gemacht. Wir sprechen hier allein in Bad Neuenahr-Ahrweiler über 80 Einleitungsstellen im Stadtgebiet.

Die Anlieger wussten mitunter keinen anderen Rat, um sich des Schlamms zu entledigen, als diesen in den Mühlenteichgräben zu entsorgen. Diese Gräben mussten immer wieder freigeräumt werden, weil sie auch dazu dienen, das Regenwasser abzuführen. Eine Sisyphusarbeit.

Erschwerend kam hinzu, dass die Arbeiten vielfach nachts durchgeführt wurden, denn es waren stets Straßensperrungen erforderlich, die dann vorgenommen werden sollten, wenn möglichst wenig Verkehr herrschte. Wir müssen uns vor Augen halten, dass auch die Straßenverfügbarkeit und fast alle Zuwegungen massiv eingeschränkt waren.

Abbildung 3.1: Karl-von-Ehrenwall-Allee, Stadtteil Ahrweiler

Nicht nur im Bereich der Abwasser-Teams, aber hier ganz besonders wurde deutlich, dass die Mitwirkenden nach einigen Tagen schlicht »platt« waren. Es wurde Unmenschliches erforderlich und dies schloss die Mitarbeiter der kommunalen Betriebe vollständig ein, da diese den Überblick, die Umsetzung und die Steuerung der Kommunikation leisten sollten. Dies war schlicht nicht leistbar. Bei vielen Mitarbeitern in privaten und kommunalen Betrieben und auch in der Verwaltung hatte diese massive physische und psychische Überbeanspruchung gesundheitliche

Auswirkungen, die zu weiteren Ausfällen führten. Man merkte es oft erst, wenn die Überlastungssymptome eintraten.

Mir selbst war das Maß der Belastung auch nicht bewusst. Ich arbeitete durchgehend auf neue Ziele hin, sah aber gleichzeitig immer wieder die völlig überlasteten Akteure und versuchte daher, Zwischenlösungen zu finden. Neben der unentwegten Unterstützung durch meine Familie halfen mir dabei meine Eigenschaft, in schwierigen Situationen eher ruhiger zu werden, und mein nahezu unerschöpflicher Sprudel an Ideen für Lösungen sowie mein Netzwerk. Das bedeutete, immer dann, wenn ich ein bestimmtes Problem sah, trug ich es so lange mit mir herum, bis ich jemanden fand, der zumindest einen Teilbeitrag zur Lösung leisten konnte oder sogar bereits geleistet hatte.

Das Netzwerk ist in der Zeit nicht nur enorm gewachsen, sondern auch viel belastbarer geworden – und es hat sich auch die Spreu vom Weizen getrennt. Meine Mobilfunknummer wurde immer weitergereicht und ich bekam zahlreiche Hilfsangebote. Diese umfassten Bauleitung, Planung, handwerkliche Unterstützung, Materialbeschaffung, Gutachtenerstellung und soziale Unterstützung. Ich dankte stets allen, die Hilfe angeboten hatten, erfasste die Adressdaten mit den entsprechenden Stichworten in meinem Mobiltelefon und versicherte jedem, dass ich auf ihn zukommen würde, sobald sich ein Einsatzfeld ergäbe. Von diesem Pool an Hilfsangeboten profitieren wir – und damit meine ich nicht nur uns als Infrastrukturexperten, sondern uns als Gemeinschaft hier in Bad Neuenahr-Ahrweiler und im Ahrtal – noch heute.

Bezüglich der Abwasserproblematik ordnete ich in der Blaulichtphase Hilfsangebote von öffentlichen Einrichtungen und von außerhalb des Krisengebietes liegenden Kommunen den örtlichen Kommunen bei uns zu und private Hilfsangebote von Kanalspülern den privat Betroffenen. Der Krisenstab der Stadt hatte hierfür Informationspunkte eingerichtet, an denen man sich melden konnte und an denen Eins-zu-eins-Verbindungen hergestellt werden konnten, sodass weitere Zwischenkommunikation oder Vermittlung überflüssig wurde.

Diese Eins-zu-eins-Verbindungen erwiesen sich als überaus wirksam und auch entlastend, denn Detailprobleme konnten im

Eins-zu-eins-Gespräch viel besser geklärt werden, als wenn durch einen Dritten »stille Post« gespielt wurde. »Sie möchten dabei helfen, Keller leer zu pumpen und Sie kommen am Wochenende mit drei Kollegen? Hier ist eine Liste von zehn privaten Eigentümern, die Hilfebedarf angemeldet haben.« – so lief die Vermittlung. Die Kommunikation erfolgte ausschließlich über Mobiltelefone und *WhatsApp*, es gab keine Verträge, es gab nur Handschläge und Zusagen. Auch allgemeine Hilfen wurden an den Infopunkten vermittelt: »Brauchwasser für den Spülwagen bekommt ihr an dieser und jener Adresse im Kurpark, Diesel tanken könnt ihr an folgender Stelle. Übernachtungsmöglichkeiten gibt es zum Beispiel in der Mehrzweckhalle in Heimersheim.« – dies waren Beispiele für grundsätzlich erteilte Hinweise.

Ich übertrug das Muster des Schaffens von Eins-zu-eins-Verbindungen auch an meine jungen Projektleiter, die dies ebenfalls anwandten, und das auch wirklich gut. Natürlich klappte nicht alles und dies nicht zuletzt deshalb, weil an einigen Stellen die Erwartung so hoch war, dass von einem »Rundum-sorglos-Paket« ausgegangen wurde, das zu schaffen natürlich weder beabsichtigt noch möglich war. In der weitaus überwiegenden Zahl der Fälle haben diese Eins-zu-eins -Verbindungen aber hervorragend geklappt.

Im Übrigen waren die nassen Keller, die stark mit Schlamm versehen waren, mitunter gar nicht der Flutkatastrophe zuzuordnen, denn nachdem Wasserrohrbrüche beseitigt waren, der Schlamm entfernt und Keller gesäubert waren, drang in manche Keller ganz normales Grundwasser, was viele Anlieger nicht einordnen konnten und der Flut zuordneten. Hier waren zahlreiche Missverständnisse zu klären, denn nicht für alles war die Flutkatastrophe verantwortlich. Das machte es im Ergebnis nicht besser, aber Ursachenforschung war durchaus relevant.

Bezogen sich die obigen Ausführungen vor allem auf die Krisenstabsarbeit und die inhaltliche Arbeit in Bad Neuenahr-Ahrweiler, gab es in Bezug auf Abwasser noch zahlreiche weitere Probleme zu lösen. So musste auf der Kläranlage Sinzig zunächst einmal der Zugang zur völlig überfluteten Kläranlage geschaffen werden. Hier war ein Team meines

Ingenieurbüros auch mit Einbindung des oben bereits genannten Mitarbeiters Reiner Gasper, der sich schon in Altersteilzeit befindet, und einem weiteren Mitarbeiter, Frano Roguljic, beteiligt. Natürlich war es auch hier schwierig, ein Expertenteam aufzubauen, es gelang uns aber, die sogenannte *Silberrückenrunde* aufzubauen, die nicht nur durch externe Werkleiter bestückt wurde, sondern vor allem aus ehemaligen, bereits im Ruhestand befindlichen Akteuren, die über eine enorme Expertise verfügen. So wurde ein eigener Krisenstab auf der Kläranlage zusammengestellt, was auch von der Aufsichtsbehörde, die auch in den Krisenstab eingebunden war, überaus begrüßt wurde.

Der Krisenstab fand sich zunächst zusammen, arbeitete dann regelmäßig und sehr schnell getaktet. Später gab es wöchentliche und dann monatliche Treffen, innerhalb derer konkrete Verabredungen und Maßnahmen getroffen wurden. Die Treffen des Krisenstabes reichten bis ins Frühjahr 2022 hinein. Ziel war es zunächst, dass sich ein Team aus Mitarbeitern der Kläranlage und Ingenieurbüros vor allem um die Wiederherstellung des Betriebs der Kläranlage kümmerte. Dies gelang in verschiedenen Stufen bis Dezember 2021. Man stelle sich vor: Vom Beginn der Katastrophe Mitte Juli 2021 bis zur vollständigen Wiederherstellung der Funktion der provisorischen Kläranlage Sinzig vergingen unter Aufbietung hoher und höchster Expertise immer noch fünf Monate. Ein weiteres Team kümmerte sich um die Wiederherstellung des Sammlers im Ahrtal und der Sammler der betroffenen Kommunen außerhalb des Ahrtals.

Die gesamte Abwassersituation war von enormer Dringlichkeit und durch eine hohe Unübersichtlichkeit gekennzeichnet. Überdies waren die Maßnahmen mit erheblichen Investitionsbeträgen versehen und es stellte sich die Frage, wer überhaupt welche Kompetenz hatte, die benötigten Maßnahmen in die Wege zu leiten. Etwa drei bis vier Wochen nach Beginn der Arbeiten, mit zunehmendem Überblick über das Ausmaß des Schadens, trafen sich unterschiedliche Beteiligte in Thür bei Mayen zu einer Expertenrunde, die ich ab der ersten Sitzung moderieren durfte. Es waren Mitarbeiter des Ministeriums anwesend, die Bezirksregierungen waren vertreten, zehn Ingenieurbüros, alle Werke, die *Struktur- und Genehmigungsdirektion (SGD)*, die frühere Bezirksregierung.

Die *Thürer Runde*, die maßgeblich durch das in Thür bei Mayen ansässige Ingenieurbüro *Dr. Siekmann + Partner* und das Büro *Monreal* aus Hönningen ins Leben gerufen wurde, erwies sich als Segen. Auch weitere Büros waren daran beteiligt. Es wurden gleichartige Arbeiten in der Verbandsgemeinde Mittelahr und der Verbandsgemeinde Adenau durchgeführt und schnell stellte sich die Frage, ob die Büros nicht ihre Kompetenzen überschreiten würden, würden sie einfach weitere Aufträge vergeben und Maßnahmen einleiten. Durch den Ausfall von technischen Mitarbeitern mussten Entscheidungen über Umsetzungen und Auftragsumfänge von den Projektleitern der Büros getroffen werden. Es entstanden hocheffektive Teams von Mitarbeitern der Werke, der Planungsbüros, Büros, die auf die Kanalspülung und Reinigung oder auf die Inspektion spezialisiert waren, und den Tiefbauunternehmen. Die Runde entstand, nachdem das Büro *Dr. Siekmann + Partner* nach einigen Telefonrunden mit den beteiligten und betroffenen Büros zu einem ersten Treffen geladen hatte. Im Ahrtal stand kein Ort für die Treffen zur Verfügung, also trafen wir uns in Thür. Es entstand also die *Thürer Runde*.

In dieser Runde stellten wir die Gesamtsituation dar, präsentierten die erforderlichen Maßnahmen und fragten uns, inwieweit Deckung für all die Maßnahmen bestand, die in Angriff genommen worden waren oder werden sollten. Vom Ministerium bekamen wir die Freigabe, mit der gebotenen Sorgfalt weiterzuarbeiten, denn es gäbe keine andere Möglichkeit, die Situation beherrschbar zu machen. Diese *Thürer Runde* war ein wesentlicher Erfolgsfaktor für Geschwindigkeit und die Bündelung von Expertise. In regelmäßigen Abständen trafen wir uns wieder, um über Fortschritte zu berichten, neue Weisungen einzuholen, Rat zu geben und die Situation zu verbessern.

Es soll an dieser Stelle nicht der Eindruck erweckt werden, es sei nach »Wildwest-Manier« verfahren worden. Die erforderlichen Sofortmaßnahmen, waren sie auch mitunter von signifikanter finanzieller Natur, wurden stets abgesichert. Gleichwohl bestanden natürlich sowohl der Wunsch als auch das Erfordernis, nach den Notmaßnahmen wieder in einen Regelprozess überzugehen, und so wurde Schritt für Schritt wieder der normale Vergabeprozess eingehalten, der in der Notsituation gar nicht hätte eingehalten werden können.

Eines der wesentlichen Ergebnisse der *Thürer Runde* war die Beauftragung und Durchführung der Ahrtal-Studie, mit dem bahnbrechenden Ergebnis, dass statt bisher vier Kläranlagen nur noch zwei Kläranlagen aufgebaut und diese zum Zwecke der Aufgabenerfüllung erweitert werden sollten. Auch wurden grundlegende Vorgehensweisen beim Förderantragswesen und viele Zuständigkeitsfragen in einer enormen Geschwindigkeit geklärt. Einen wesentlichen Erfolgsbeitrag haben auch die Akteure der *SGD* und des Klimaschutzministeriums geleistet.

Beobachtbar war für mich, dass mit zunehmenden Zeitverlauf das ursprüngliche Miteinander der beteiligten Kommunen, aber auch der privatwirtschaftlichen Akteure dem bekannten »Kirchturmdenken« wich. Dringend erforderliche Gedanken zu einer Gebietsreform oder zu einem neuen Verband, zu einem Zusammenschluss von Werken, wurden nicht weiterverfolgt. Ein bedauernswerter Entwicklungsschritt auf dem Weg zu immer mehr Normalität. Ich möchte die Gesprächskreise unbedingt weiterführen, um hier auch für die Zukunft des Ahrtals einen Beitrag zu leisten. Im Dezember 2022 haben wir beschlossen, dass wir die *Thürer Runde* mindestens zweimal pro Jahr fortführen.

Brücken

Die Prioritäten der einzelnen Infrastrukturelemente lassen sich nicht ganz trennscharf setzen. Natürlich waren Strom, Trink- und Abwasser besonders wichtig, aber die Brücken waren ebenfalls notwendig, waren sie doch entscheidend für die Erschließung und Zugänglichkeit des Katastrophengebiets. Ohne Brücken keine funktionierende Logistik. In der Blaulichtphase war das Thema *Brücken* sogar das erste Thema in der täglichen Krisensitzung. Später wurde das Thema von den anderen Themen entkoppelt, vor allem von den Themen der unterirdischen Leitungsnetze.

Abbildung 3.2: Heppinger Brücke, Stadtteil Heppingen

Der Rückbau der Brückenreste, die den Abfluss des Gewässers, der Ahr, behinderten und die auch jeglichen Bauarbeiten hinderlich gegenüberstanden, war ein wesentliches Anfangselement, um überhaupt wieder darüber nachdenken zu können, die Brückenfunktion in irgendeiner Form zu gewährleisten. Gerade in den ersten Tagen bestand eine sehr hohe Angst in der Bevölkerung davor, dass ein weiteres Hochwasser, eine weitere Flutkatastrophe, unmittelbar bevorstünde und die traumatisierte Bevölkerung im Ahrtal war daher hochgradig sensibilisiert, sobald sie wahrnahm, dass sich an einer bestimmten Stelle Ahrwasser aufstaute.

Einzelne Fußgängerüberwege, die zum Teil mit Brückenbooten ermöglicht wurden, entstanden vergleichsweise zügig. Die ersten Behelfsbrücken kamen nach etwa vier bis sechs Wochen. Bis zum Jahresende des Jahres 2021 wurden immer mehr Übergänge wieder geschaffen. Natürlich war die Bautätigkeit massiv durch die fehlenden Brücken beeinträchtigt. Die zu fahrenden Umwege behinderten die Lkws mit Baugütern oder mit Bauschutt massiv. Oft schaffte ein Lkw statt 20 oder 30

Fuhren am Tag nur zwei oder drei Fuhren, weil so große Umwege zu fahren waren.

Abbildung 3.3: Provisorische Ahrkreuzung, Stadtteil Bad Neuenahr

Eine ganz wesentliche Leistung in Bezug auf die Wiederherstellung der Wasserquerungen hat das *Technische Hilfswerk (THW)* mit den Behelfsbrücken erbracht. Auch mein Bruder, Thomas Becker, ebenfalls Bauingenieur und selbstständig mit seinem eigenen Ingenieurbüro, schaffte zusammen mit dem *THW* von Beginn der Blaulichtphase an Lösungen für Brücken. Diese Behelfsbrücken werden immer im Ober- oder Unterlauf der ehemaligen Brücke gebaut, also etwa in einem Abstand von 50 bis 100 Metern. Dieser Abstand ist erforderlich, um Platz für den Wiederaufbau der endgültigen Brücke zu schaffen. Selbstverständlich schafft dies nicht unerhebliche Probleme mit den Eigentümern der jeweiligen Grundstücke, und es waren hierbei mutige Entscheidungen von Bürgermeistern erforderlich, um ein Ergebnis zu erzielen. Es ist unschwer vorstellbar, dass sich ohnehin traumatisierte und hochgradig unter emotionalem Druck stehende Eigentümer nicht gerade freudig zeigen, wenn ihre Grundstücke auch noch durch Behelfsbrücken oder Bautätigkeiten in Anspruch genommen werden. Die Belastung der kommunalen Spitzenakteure war in vielen Phasen der Katastrophenbewältigung nahezu unmenschlich groß, mussten sie sich nicht nur mit Sach-, sondern auch mit Emotionsthemen auseinandersetzen.

Hervorzuheben ist auch, dass die kommunalen Gremien sich hochgradig lösungsorientiert verhielten und die jeweilige Parteizugehörigkeit der Entscheider nur eine sehr untergeordnete Rolle spielte. Die Sache stand parteiübergreifend im Vordergrund. Mit zunehmender Wiederaufbauzeit und steigender Normalität, wenn auch auf niedrigem Niveau, sind allerdings wieder parteipolitische Positionsspiele zu beobachten. Viel zu früh.

Abfall und Entsorgung

Der Kreis Ahrweiler hat etwa 130.000 Einwohner und wir verzeichnen beispielsweise etwa 7.500 Tonnen Sperrmüll pro Jahr. Mit der Katastrophe hatten wir es plötzlich mit mehr als 450.000 Tonnen Sperr- und Restmüll zu tun und selbstverständlich war der Müll größtenteils ungetrennt, alles war vermischt. Zusammen mit den angeschwemmten Erdmassen, dem Bauschutt und anderen Bauabfällen sowie Biomasse handelte es sich um eine Menge von mehr als einer Million Kubikmeter, das sind eine Milliarde Liter, fast sieben Millionen Badewannen voll oder ein Würfel mit einer Kantenlänge von 100 Metern, gefüllt mit Müll und Erdmassen: einhundert Meter lang, einhundert Meter breit und einhundert Meter hoch. Das sind für unseren Landkreis nahezu unvorstellbare

Größenordnungen. Es hat weit über 100 Millionen Euro gekostet, diese Massen zu entsorgen oder zu verwerten.[5]

Die Explosion dieser Aufgabe in den ersten Tagen und Wochen war immens. Viele Tausende von Spontanhelfern kamen dankenswerterweise ins Ahrtal und halfen den privaten Hauseigentümern und Mietern, den Schlamm aus den Häusern zu schaffen und sie entsorgten natürlich direkt in diesem Zuge auch die Mengen an nicht mehr nutzbaren Möbeln und Einrichtungsgegenständen aus. Es entstand ein gewaltiger, unsortierter Berg. Ich hatte den Eindruck, dass diese Entwicklung in keinem Katastrophenschutzplan bisher vorgekommen war. Natürlich wollten und mussten die Bürger ja ihre Eigenheime aus- und aufräumen. Die Müllberge belasteten aber zusätzlich jegliche Zugänglichkeit für Rettungsdienste und die Feuerwehr und sie machten auch das Aufräumen der öffentlichen Infrastruktur nahezu unmöglich. Die so wichtige Spülung der Kanäle musste zum Beispiel als Folge dieser Situation in die Nachtstunden verschoben werden. Die Beobachtung: Wir standen uns gegenseitig im Weg und hatten keine einfache Lösung für das Problem.

Hätte nicht das Netzwerk der Abfallwirtschaft, die Einbindung der bundesweiten Landwirtschaft und Bauwirtschaft gegriffen und wäre es nicht zu konzertierten Großaktionen gekommen, zusammen mit Bundeswehr und »Blaulichtfamilie«, stünden wir heute noch in unseren eigenen Katastrophenabfällen.

Straßen

Das Straßennetz stellt eine weitere scheinbar selbstverständliche Infrastruktur dar, die in großen Teilen so zerstört wurde, dass die Funktion nicht mehr erfüllt werden konnte.

5 Vgl. Müllers, S. (2022). *Erkenntnisse aus der Flutkatastrophe im Ahrtal für die Abfallentsorgung*, in: Burkhardt, G., Egloffstein, T. (Hrsg.) (2022). Abschluss und Rekultivierung von Deponien und Altlasten – Planung und Bau neuer Deponien (Tagungsband), ICP Eigenverlag Bauen und Umwelt, Band 42, Karlsruhe, S. 225 ff.

Wir unterscheiden klassifizierte Straßen und nicht klassifizierte Straßen voneinander. Autobahnen, Bundes-, Land- und Kreisstraßen sind die sogenannten klassifizierten Straßen. Diese werden von der Straßenverwaltung betreut. Hier waren vor allem diejenigen Bundes- und Landstraßen betroffen, die sich in unmittelbarer Nähe zur Ahr befanden. Die Flut hatte ganze Fahrstreifen weggenommen und alle damit verbundenen Ingenieurbauwerke wie Stützwände und Brücken. Wenn aber das klassifizierte Straßennetz gestört ist, dann funktionieren die Zugänge zu den Ortschaften und Städten sowie die Verbindung untereinander nicht mehr.

Für den Katastrophenschutz ist die logistische Zugänglichkeit das Entscheidende. Gerade die Mittelahr mit der Verbandsgemeinde Altenahr, aber auch die Städte Bad Neuenahr-Ahrweiler und Sinzig waren durch die Unterbrechung der B9, der B266 und weiterer Land- und Kreisstraßen massiv abgeschnitten.

Über die Brücken und ihre zentrale Bedeutung haben wir hier schon gesprochen. Aber auch die Straßen mussten zumindest wieder die Zugänglichkeit zu Anwohnern und Liegenschaften ermöglichen. Das erfolgt meist über die nicht klassifizierten Straßen, die in der Verantwortung der oft kleinen oder unterbesetzten Tiefbauämter liegen. Da auch die Mitarbeiter in den Ämtern vielfach direkt von den Auswirkungen der Katastrophe betroffen waren und zuerst einmal ihre familiäre Situation stabilisieren mussten, ist leicht vorstellbar, wie groß die Herausforderung war, Straßen zumindest wieder einigermaßen nutzbar zu machen. Eines ist auch klar: Verkehrssicherheit hatte nicht die erste Priorität.

Der Umfang der Zerstörung, der oft die unterirdischen Leitungen umfasste – wie in den vorherigen Abschnitten beschrieben –, führte und führt immer noch dazu, dass wir in vielen Bereichen noch gar nicht wissen, wie wir den Straßenausbau wieder herstellen sollen. Vieles hat sich so elementar geändert, dass ein einfacher Wiederaufbau nicht infrage kommt.

Mit dem Straßenbau wird nach außen der Stand des Wiederaufbaus verbunden. Wo ist das idyllische Ahrtal geblieben? Mit den begrünten, langen Radwegalleen in den engen Schluchten des romantischen Ahrtals?

Hier wird auch bereits deutlich, wie die Sektoren Infrastruktur, Tourismus und regionale Wirtschaft zusammenhängen.

Die Komplexität zeigt nochmals die Wichtigkeit der Infrastruktur und die dauernde und strategische Aufmerksamkeit, die das Thema braucht. Zukunftsfähige Infrastruktur ist eben nicht selbstverständlich.

Wärme

Je stärker sich die Blaulichtphase dem Ende zuneigte und die Themen *Strom*, *Trinkwasser* und *Abwasser* zunehmend Struktur und Fortschritte erfuhren, wurde in den Krisenstäben in den einzelnen Kommunen das Thema *Wärme* zum zentralen Thema. Schließlich bewegten wir uns mit großen Schritten in den Herbst hinein, der Winter war absehbar und es sollte keinesfalls riskiert werden, dass die guten Fortschritte in den anderen Infrastrukturelementen durch mangelnde Wärme in den kalten Monaten konterkariert würden. Wir wissen, wie es sich verhält: Die Vergangenheit wird schnell verklärt betrachtet, Erfolge geraten in den Hintergrund, wenn sich Situationen einstellen, die schnell das erträgliche Maß überdehnen. Wärme kam also zunehmend auf die Agenda in den Krisenstäben.

Im Ahrtal gibt es insgesamt drei Betreiber von Gasnetzen. Überdies betreiben die *Ahrtal-Werke* ein Fernwärmenetz, das aber auch vor allem durch Gas-Blockheizkraftwerke betrieben wird. Als Ingenieurbüro war mein Unternehmen in Bezug auf *Wärme* nicht so intensiv beteiligt wie an den anderen Infrastrukturelementen, abgesehen von unseren eigenen Baumaßnahmen in Projekten für alle Betreiber. Die drei Akteure trieben jeweils meiner Wahrnehmung zufolge äußerst massiv ihre Lösungen voran und verwiesen dabei auf die jeweiligen Zuständigkeitsbereiche. Aus unserer übergeordneten Sicht war dies nicht zwingend optimal, denn es wurden Einzeloptimierungen verfolgt, statt ein Gesamtpotenzial erschließbar zu machen. An zahlreichen Punkten entstand Uneinigkeit und

Streit, noch heute erfahren wir bei gemeinsamen Baustellen Emotionalität, die sich aus der Auseinandersetzung ergab.

Helfen konnten wir insbesondere im Bereich der Kläranlage Sinzig, wo durch die Flut nicht nur die Brücke über die Bundesstraße 9 auf einer Fahrbahn zerstört war, sondern wo die Zerstörung durch die Ahrquerungen auch Gasleitungen und Wasserleitungen betraf. Hier konnten wir durch einen gemeinsamen Rohrvortrieb durch den Bahndamm der Rheinschiene und durch die Ahr eine schnelle Lösung für die Gasversorgung finden. Die Infrastrukturmannschaft aus Netzeigentümern, Bauunternehmen und Büros funktionierte exzellent.

Abbildung 3.4: Tiny-House-Siedlung, Stadtteil Heimersheim

Eine ebenso exzellente Zusammenarbeit erfuhren wir in dem Projekt der Tiny Houses, bei dem wir mit allen Akteuren im Bereich Wärme, Strom und Wasserversorgung vorbildhaft zusammengearbeiteten. Das war ein echtes Miteinander.

Die Einzelperspektiven der hier dargestellten Versorgungsträger und die doch viel größere Schnittmenge der Interessen und Bedarfe waren für mich in der Flut deutlich sichtbar geworden. Ohne es vorwegzunehmen: Das Denken jeder einzelnen Sparte der unterirdischen Infrastruktur genügt nicht mehr, um zukunftsfähig zu sein. Wir brauchen neue Formen der strategischen Zusammenarbeit und der Zusammenarbeitskultur.

Auch wurde die vielfache Unterschätzung des Faktors **Mensch** deutlich, mit den daraus resultierenden Gefahren und Risiken.

Fünf Fragen an Guido Orthen

- Bürgermeister der Kurstadt Bad Neuenahr-Ahrweiler

»Wo steht Ihrer Auffassung zufolge heute – im Sommer 2023 – der Wiederaufbau im Ahrtal?«

Der Wiederaufbau macht Fortschritte – wir sehen Licht am Ende eines noch langen Tunnels.

Die für ein halbwegs strukturiertes Leben erforderliche Infrastruktur ist nach zwei Jahren als Provisorium hergestellt. Erste Projekte, in denen eine Sanierung zur Wiederherstellung ausreichend ist, konnten schon wieder eingeweiht und den Nutzern übergeben werden. Andere Sanierungen laufen. Mit der Fertigstellung der zu sanierenden Projekte kann Ende 2025 gerechnet werden. Für die Projekte, bei denen aufgrund der enormen Zerstörung nur ein Neubau in Betracht kommt, sind die Planungen in vollem Gange. Für einige Neubauprojekte können wir sogar noch in diesem Jahr den Baubeginn vermelden.

Viele Herausforderungen erwarten uns noch und nicht in allen Bereichen geht es so zügig voran, wie wir es uns wünschen. Nach wie vor brauchen daher die Verwaltungen ebenso wie die Bürgerinnen und Bürger, die vielfach auch privat noch mit den Folgen der Flut und den Herausforderungen des Wiederaufbaus zu kämpfen haben, Durchhaltevermögen, Geduld und Zuversicht.

»Was ist Ihrer Meinung nach zurzeit die größte Herausforderung im Wiederaufbau?«

Wir bearbeiten im Rahmen des Wiederaufbaus einen Maßnahmenplan mit über 1.400 Einzelprojekten, teils mit aufwendigen Antragsverfahren.

Die Vielzahl und die hohe Komplexität aller parallel zu bewältigenden Aufgaben sind dabei eine große Herausforderung, ebenso unser Anspruch, den Aufbau zukunftsweisend, also resilient und nachhaltig zu gestalten. Sowohl planerisch als auch personell und finanziell ist dieser Wunsch bisweilen schwer mit den Grenzen der verfügbaren Mittel in Einklang zu bringen.

Für uns hat das zu planende Hochwasserschutz-Konzept für das gesamte Ahr-Einflussgebiet neben einem verbesserten Warnsystem im Katastrophenschutz die höchste Priorität.

»Welche Erfolgsmuster sehen Sie auf kommunaler, regionaler, landes- und bundesweiter Seite?«

In der Katastrophe haben wir erlebt, was Solidarität bedeutet. Solidarität und Hilfe durch zigtausende freiwillige Helfer, mit und ohne Uniform, durch private, zivilgesellschaftlich organisierte Hilfsstrukturen, durch den vielfältigen Beistand auch in der persönlichen Begegnung. Wir durften eine warme, herzliche und hilfsbereite Gesellschaft erleben. Bund und Länder haben mit dem Wiederaufbau-Fond ebenso schnell die finanziellen Rahmen für einen Neuanfang im Ahrtal geschaffen. Es hat sich gezeigt: Eine solche Katastrophe lässt sich nur dann bewältigen, wenn Zusammenarbeit auf allen Ebenen, sowohl horizontal als auch vertikal, gelingt. Einen Erfolg im Sinne eines gelingenden Wiederaufbaus wird es nur geben, wenn der politische Wille einer »schnellen und unbürokratischen Hilfe« auch in der Praxis gelebt wird.

»Was würden Sie sich im Bereich Neu- und Wiederaufbau wünschen?«

Noch immer sind einige Antragsverfahren kompliziert und zeitraubend, sodass wir uns weiterhin für bürokratische Vereinfachungen einsetzen.

Wir wollen aus den Fehlern der Vergangenheit lernen können und Dinge auch anders machen. Das ist aber häufig nicht förderfähig. Die Aspekte der Nachhaltigkeit, der Klimaresilienz, aber auch der Starkregenvorsorge und des Hochwasserschutzes besser, umfassender und insbesondere unter Verzicht auf langwierige Diskussionen konsequent mitzudenken und auch finanziert zu bekommen, wäre aus unserer Sicht zielführend und zukunftssicher. Mit den aktuellen Hürden wird aus dem Ahrtal keine Modellregion.

»Was kann und muss unser Land aus dem Wiederaufbau im Ahrtal lernen?«

Wir selbst ziehen derzeit noch immer Lehren aus den Folgen der Flutkatastrophe und versuchen unsere Erkenntnisse zukunftsorientiert in jede Entscheidung des Wiederaufbaus einfließen zu lassen. Das gilt sowohl für den vorsorgenden Katastrophenschutz wie für die Katastrophenbewältigung. Gerne möchten wir dem unmittelbar nach der Flut formulierten Gedanken der Modellregion gerecht werden und mit unserem Wiederaufbau Ideengeber und Motivator für andere Regionen werden, um den wachsenden Herausforderungen der klimaangepassten Stadt- und Bauplanung zu begegnen. Das gibt der rechtliche Rahmen des Wiederaufbaus bislang nicht in ausreichendem Maße her. Und: Der Rechtsrahmen in allen Bereichen ist auf den »Friedensfall« ausgerichtet. Für die Bewältigung einer Katastrophe und den Wiederaufbau einer Region braucht es in nahezu allen Bereichen besondere rechtliche Regelungen. Kurz: Es braucht ein Sonderrecht für Katastrophengebiete.

Kapitel 4
Wir brauchen neue Formen der Zusammenarbeit

Es ist nicht unsere Absicht, mit diesem Buch eine grundlegende Systemveränderung im Sinne der Veränderung gesetzlicher Grundlagen oder Verordnungen herbeizuführen. Das wäre unserer Auffassung zufolge viel zu wenig konkret, um tatsächlich auch kurz- und mittelfristig Fortschritt für die lebenswichtige **Infrastruktur** zu schaffen. Es ist vielmehr unser Ansinnen, dass wir Fortschritte aufzeigen, die vollzogen werden können, ohne den gesetzlichen und damit rechtlichen Rahmen grundlegend zu verändern. Wir dürfen uns nicht auf ein »Eigentlich müssten wir mal« zurückziehen und damit die Verantwortung wieder ins Abstrakte verschieben.

Unsere Absicht ist es, herauszuarbeiten, wie im bestehenden System trotz aller bestehenden Einschränkungen konkrete Fortschritte erzielt werden können. Wir werden vorschlagen, wie an definierten Hebeln angepackt werden kann. Es ist zu kurz gesprungen, wenn Akteure sich darauf zurückziehen, dass sie im bestehenden System so handeln müssen, wie sie handeln. Es gibt immer Optionen und wir werden versuchen, einige dieser Optionen zu skizzieren. So viel vorab: Der Schlüssel liegt in einer neuen Form der **Zusammenarbeit** in einer Kommune, aber auch zwischen Kommunen und Kreisen. Wir leiten dies aus unserer Erfahrung, aber auch aus ersten Erfolgsmustern ab, die sich aus den aktuellen Erkenntnissen im Rahmen der Flutkatastrophe im Ahrtal ergeben haben.

Kommen wir zunächst zu systemimmanenten Hürden.

Fünf Fragen an Jürgen Schwarzmann

- Ortsbürgermeister der Ortsgemeinde Hönningen

»Wo steht Ihrer Auffassung zufolge heute – im Sommer 2023 – der Wiederaufbau im Ahrtal?«

Bezogen auf die Ortsgemeinde Hönningen kann man hier feststellen, dass viele Projekte bereits realisiert sind. Der Plan der Ortsgemeinde Hönningen ist es, 2025 mit allen Maßnahmen im Rahmen des Wiederaufbaus fertig zu sein, zumindest mit den Projekten, für die die Ortsgemeinde alleine zuständig ist. Bei Projekten, an denen verschiedene Träger beteiligt sind, wie beispielsweise der Ahrbrücke in Liers, hoffen wir auch auf Fertigstellung bis zum Jahre 2025, aber in solchen Projekten ist die Abstimmung jedoch etwas zeitintensiver.

»Was ist Ihrer Meinung nach zurzeit die größte Herausforderung im Wiederaufbau?«

Zunächst einmal ist dies die Bürokratie, da der geplante Wiederaufbau in einer sogenannten Zukunftsregion relativ schwierig ist. Die Gesetzeslage gibt hier vor, dass nur das wieder aufgebaut werden darf, was zuvor zerstört wurde – nach heutigem Standard. Manches müsste aber verändert werden, wird dann aber nicht vom Wiederaufbau finanziert. Daher müssen dann verschiedene Geldtöpfe zusammengeführt werden, was äußerst schwierig ist.

»Welches Erfolgsmuster sehen Sie auf kommunaler, regionaler, landes- und bundesweiter Seite?«

Ich glaube, dass nach dem 14. Juli 2021 die Bemühungen, auf allen Ebenen intensiv zusammenzuarbeiten, gegeben waren. Leider ist man jedoch wieder in das alte Muster verfallen. Auf der kommunalen Ebene ist die Zusammenarbeit deutlich besser geworden, obwohl es ja auch viele Unterschiede der Regionen gibt.

»Was würden Sie sich im Bereich Neu- und Wiederaufbau wünschen?«

Wichtig wäre für die Region ein intensiverer Zusammenhalt und ein gemeinsames Vorgehen für die Zukunft. Es besteht jedoch die Gefahr, dass ein jeder wieder nur an sich denkt und es zukünftig ein noch größeres Ringen um die Finanzmittel und die vermeintlich besseren Konzepte geben wird. Die Solidarität nach dem 14. Juli 2021 ist leider verflogen und es wäre notwendig, Personen zu finden, die diesen Zusammenhalt fördern und unterstützen, vor allem auf der politischen Ebene. Leider ist das zurzeit nicht zu erkennen. Dennoch glaube ich daran, dass wir das Ahrtal wiederaufbauen. Gleichzeitig bleibe ich bei meiner Forderung vom Herbst 2021, dass das Ahrtal für eine gewisse Zeit zu einer Sonderzone erklärt wird, wodurch bestimmte Gesetze erleichtert werden könnten.

»Was kann und muss unser Land aus dem Wiederaufbau im Ahrtal lernen?«

Eine bessere Kommunikation auf allen Ebenen zu fördern und umzusetzen. Ob dazu eine neue Behörde helfen wird, wage ich zu bezweifeln. Ich glaube, dass die Instrumente vorhanden sind, sie müssen nur besser umgesetzt und eingesetzt werden.

Systemimmanente Hürden

Scheinsicherheit im Haushalt

Bedenken wir: Eine Straße ist für die Nutzung von 30 Jahren ausgelegt, das Kanalnetz für die Nutzung von 50 bis 80 Jahren, Brücken für die Nutzung von 80 bis 100 Jahren. Wie soll denn die Infrastruktur in 30, 50, 100 Jahren aussehen? Wird nicht investiert, sind sämtliche Infrastrukturelemente bilanziell abgeschrieben und stehen abgeschrieben auch im Anlagevermögen der betreffenden Eigentümer, was sich in Haushalt und Bilanz immer hervorragend macht. Bedenken müssen wir aber, dass die jeweiligen Infrastrukturelemente nach ihrer Abschreibung nicht noch einmal so lange sicher betreibbar sind, wie der Abschreibungszeitraum währte. Wird der Investitionsbedarf nicht mitbilanziert, so wird, vorsichtig formuliert, mit Halbwahrheiten gearbeitet. Selbst dann, wenn Haushalte und Bilanzen durch Wirtschaftsprüfungsgesellschaften in ihrer Richtigkeit bestätigt werden, bedeutet dies nicht, dass hier auch mit inhaltlichem Hintergrund bewertet wurde.

Wirtschaftsprüfungsgesellschaften verfügen in der Regel nicht über die erforderliche Kenntnis zur Bewertung der Zukunftsfähigkeit infrastruktureller Elemente; und die Stadtspitzen freuen sich natürlich über einen ausgeglichenen Haushalt, der insbesondere dann zwingend ist, wenn keine Haushaltssicherung eintreten soll und jeder Ausgabe-Cent beantragt werden muss.

Zahlreiche Kommunen befinden sich in Bezug auf die kommunale Infrastruktur und die Bewertung des unterirdischen Vermögens in einer Scheinsicherheit. Die Ansätze zu den für den Erhalt und zukunftsfähigen Betrieb erforderlichen Investitionen sind oft wenig belastbar, von erforderlichen Mitteln für einen zukunftsfähigen Ausbau der Infrastruktur auf der Zeitachse haben wir dabei noch gar nicht gesprochen.

Eine ehrliche Lösung bedingt eine Veränderung des Gedankens, dass die Leistung der (unterirdischen) Infrastruktur selbstverständlich ist. Das ist sie nämlich nicht, auch und gerade dann nicht, wenn wir sie als selbstverständlich annehmen.

Es wird zu wenig in Infrastruktur investiert

Deutschland investiert grundsätzlich zu wenig in Infrastruktur. Bürger sehen und spüren allerorten, dass Infrastruktur stiefmütterlich behandelt wird. Zahlreiche Straßen sind in einem untragbaren Zustand, viele Brücken stehen diesem Zustand in nichts nach und die Fachexperten wissen, dass das Abwassernetz ebenso wie das Frischwassernetz eine begrenzte Lebensdauer hat und es permanent auf dem aktuellen Stand gehalten werden muss, will man nicht irgendwann sein sprichwörtliches blaues Wunder erleben. Es wird aber nicht in entsprechend erforderlichem Maße gehandelt. Der Bürger darf davon ausgehen, dass die Infrastruktur funktioniert. Über Strom-, Glasfaser-, Gas- und andere Leitungen haben wir noch gar nicht gesprochen. Diese obliegen überwiegend privaten Anbietern (oder städtischen Eigenbetrieben), wir wollen uns aber nun auf die öffentlichen Verantwortlichkeiten konzentrieren.

Der Zustand des Unsichtbaren entzieht sich dem normalen Bürger, denn er beschäftigt sich berechtigterweise weder mit dem Abwasser- noch mit dem Frischwassernetz. Er darf berechtigt davon ausgehen, dass alles »in Schuss« ist und funktioniert. Verlässlich und dauerhaft.

Eine Ableitung daraus ist auch die folgende: Solange wie Infrastruktur funktioniert, unabhängig davon, in welch schlechtem Zustand sie sich befindet, werden oft überall persönliche Prioritäten verfolgt. Fällt die Infrastruktur aber aus – weil nicht genug investiert wurde –, sucht man vergebens Verantwortliche und alle sind »Opfer«. Die kommunale Verwaltung ist dann noch mehr ge- beziehungsweise überfordert und hat im Reparaturmodus überhaupt keine Kraft und Kapazitäten mehr, strategisch zu handeln. Der Gedanke, man könne sich die mangelnde Kapazität und Kompetenz dauerhaft zukaufen, ist irrig, denn der Bauherr und Eigentümer – die Kommune – hat Verantwortung für sein Anlagevermögen. Hier rächt sich die mangelnde technische Kompetenz in vielen Kommunen. Verwaltung allein wird die Infrastruktur nicht durch den Sturm lotsen, technische Kapitäne fehlen.

Der unterirdischen Infrastruktur, dem unterirdischen Anlagevermögen fehlt auch tatsächlich die Lobby. Es ist doch viel einfacher, dem Bürger – und damit dem Wähler – eine Neugestaltung des Kurparks oder des Bahnhofsvorplatzes zu präsentieren, es ist einfacher, eine neugestaltete

Fußgängerzone, einen Kreisverkehr oder eine Umgehungsstraße medienwirksam vorzustellen, als sich die Mühe zu machen, die Erfordernis der Funktionsfähigkeit der unterirdischen Infrastruktur und damit verbundene Erhaltungsmaßnahmen mühsam zu kommunizieren. Selbst die Sanierung einer relativ unbedeutenden, nicht klassifizierten Straße wird ja meist nur von wenigen potenziellen Wählern wahrgenommen. Es macht sich eben besser, etwas Schönes zu eröffnen – als etwas Zweckmäßiges. Ein neuer Bahnhofsvorplatz schlägt eine auf den aktuellen Stand gebrachte Kläranlage, ein neuer Kurpark ebenso einen sanierten Hochbehälter.

Selbstverständlich wollen wir nicht unterstellen, dass alle Investitionen, die eine Kommune, ein Land oder gar der Bund zu tätigen hat, im Hinblick auf ihre Medienwirksamkeit geprüft und aufgrund dessen beschlossen oder abgelehnt werden, das wäre unlauter. Gleichwohl ist es auffällig, dass die Elemente der Infrastruktur, die unsichtbar sind, eine besonders geringe Wertschätzung erfahren. Ihre Funktions- und Zukunftsfähigkeit wird meist nur von Experten erkannt, und diese Experten sind nicht immer in der Lage, den Nicht-Experten im politischen oder vorpolitischen Umfeld hinreichend deutlich zu machen, welches Erfordernis besteht und welcher Nutzen durch Investitionsmaßnahmen – vielleicht sogar rechenbar! – erzielt werden kann.

Die meisten kommunalen Haushalte und auch die Haushalte der Länder und der des Bundes sind straff durchgeplant. Aus der Erfahrung stellen wir fest, dass das Sichtbare und direkt Spürbare wesentlich leichter Mittel zu aktivieren in der Lage ist als unsichtbare Investitionen in unterirdisches Vermögen. Das Problem besteht darin, dass bei der unsichtbaren Infrastruktur erst dann – hektisch – gehandelt wird, wenn Schäden entstanden sind. Ein wenig vergleichbar ist dies mit den unterstützenden Prozessen in Unternehmen: Die Logistik oder auch die IT werden stets als funktionsfähig vorausgesetzt. Erst dann, wenn Teilprozesse oder gar Hauptprozesse ausfallen, wenn die Verfügbarkeit logistischer oder informationstechnologischer Leistungen nicht mehr in der gewohnten Form gegeben ist, wird bemerkt, wie wichtig diese Supportprozesse für das erfolgreiche Handeln des Unternehmens sind. So ist es auch mit der unterirdischen Infrastruktur: Erst wenn sie defekt ist, stellen wir fest, wie wichtig sie ist.

Wenn wir aber davon ausgehen, dass die Investitionen in unterirdische Infrastruktur mitunter nicht, nur spät oder bloß zögerlich erfolgen, dann dürfen wir berechtigt annehmen, dass dies in manchen Fällen auch mit dem Blick auf die laufende und kommende Legislaturperiode geschieht. Die Stadtspitze oder Landkreisspitze, die einen ausgeglichenen Haushalt oder gar einen Haushalt mit Überschüssen ausweisen kann, hat immer auch einen Punkt, den sie ihren Wählern beim nächsten Wahlkampf vorweisen kann. Auch hier wollen wir nicht generalisieren, aber es ist durchaus auffällig, dass insbesondere vor Wahlen der Grundsatz »Sichtbares schlägt Unsichtbares« erstaunlich oft genutzt wird. Ein wesentlicher Engpass besteht darin, dass die relativ kurze Dauer der Legislaturperioden nicht mit der Denkweise in Infrastrukturstrategien kompatibel ist. Es bedarf einer mehrheitlichen Zustimmung in den kommunalen Gremien, um langfristige Strategien zu verfolgen und zu verankern, eine Mehrheit ist nämlich erforderlich, um über Legislaturperioden hinaus zu denken.

Da dieses Buch nur von Menschen gelesen werden wird, die anpacken, von Damen und Herren Landräten und Bürgermeistern, die das Wohl ihres Landkreises oder ihrer Kommune in den Vordergrund stellen und dies im Zweifelsfall auch über ihr eigenes Wohl stellen, sprich von Menschen, die langfristig denken und handeln, können wir dies hier so offen ansprechen.

Das Dickicht der Vorschriften bremst

Eine weitere systemimmanente Hürde besteht in den zunehmend überbordenden Regulierungen und Verordnungen technischer und kaufmännischer Natur, hier insbesondere im Rahmen von Ausschreibungen. Ohne an dieser Stelle auf Ausschreibungen, die Auswahl von geeigneten Partnern und die Schwierigkeiten der Befolgung des aktuellen Rechtsstands im Detail einzugehen, können wir feststellen, dass die Anzahl der zu beachtenden Regeln beständig wächst. Ist auch das Bestreben dahinter zu würdigen – es besteht nämlich (vermutlich) darin, eine möglichst hohe Objektivität in der Auswahl der Partner einer möglichen Maßnahme und eine möglichst hohe Wettbewerbsintensität zu erzeugen, die wiederum für eine möglichst wirksame Verwendung der Steuergelder sorgen soll –, zeigt die Praxis doch, dass hier oft über das Ziel hinausgeschossen wird. Ja, man möchte sicherstellen, dass die vorstehend genannten Vorteile eintreten, und ja, man möchte sicher gehen, dass keine »Mauscheleien« stattfinden und die Vergabe auf Basis möglichst objektiver Kriterien erfolgt. Aber: Jedes System kann umgangen werden.

Wenn ein System dazu führt, dass Entscheidungen drastisch verzögert werden, oder wenn ein System die falschen Zielgrößen ausgibt, dann trägt es nicht notwendigerweise zu einer Leistungssteigerung bei. Auch bedeutet »gut gemeint« noch lange nicht »gut gemacht«. Wenn das Ausschreibungsverfahren das Beurteilungskriterium »wirtschaftliche Leistungsfähigkeit des Anbieters« ausweist und am Ende der Bewertung die Kosten doch über die Vergabe entscheiden – sei es, weil sie als K.-o.-Kriterium genutzt werden oder weil man in der Ausschreibung von vornherein dem Kostengesichtspunkt eine unschlagbar hohe Priorität eingeräumt hat –, dann ist dies nicht im Sinne des Erfinders. Spricht man mit Vergabeprofis, hört man immer wieder, dass das Vergabeverfahren auch einfacher oder sinnvoller hätte gestaltet werden können. Wir haben es immer mit einem Spagat zwischen technisch sinnvollen Lösungen und rechtlich sicheren Prozessen zu tun.

Wir haben auf der Ausschreibungsebene also ein regulatorisches Problem zu bekunden, das darin besteht, dass die Komplexität steigt und sich viele der Ausschreibungsverfahren nahezu ausschließlich auf den messbaren Teil stützen – die (vermeintlichen) Kosten –, während der qualitative Teil zumindest weitgehend ausgeblendet werden kann. Einige Folgen sind bekannt: Nicht wenige Maßnahmen enden in schlechter Qualität mit schlimmstenfalls jahrelangen rechtlichen Auseinandersetzungen, oft verbunden mit einer Nichtfertigstellung der Maßnahme. Manche Maßnahmen werden durch Nachträge viel teurer. Der Grund dafür ist nicht selten, dass der Anbieter in seine unseriöse Kalkulation nur das Notwendigste aufnimmt. Nach Vergabe des Auftrags stellt sich dann – nicht überraschend – heraus, dass Arbeiten über das Angebotene hinaus erforderlich sind, welche die Maßnahme natürlich verteuern. Die ausschreibende Stelle ist zur Vergabe zufrieden, weil sich der Anbieter im Kostenrahmen bewegt hat. Die folgenden Nachträge werden von der ausschreibenden Stelle toleriert, weil sie begründbar sind. Dem unseriösen Anbieter schaffen sie zusätzliche Einnahmen. Dies ist nicht der Regelfall, spricht man mit Beteiligten, erfährt man aber sehr wohl, dass dies erlebte Praxis ist.

Während die Fachabteilung oft gern in den Leistungswettbewerb gehen würde, ist für die Kommunalpolitik das Greifbare, dies sind die Kosten, eher verständlich. Das ist auch ein Kommunikations- und sicher auch ein Zeitproblem, denn um die Vorteile des Leistungswettbewerbs zu verstehen, muss man sich Zeit nehmen.

Das ist auch keine Generalisierung, aber Hand aufs Herz: Wer hat dies in der Fachwelt noch nicht erlebt? In gewisser Hinsicht stecken wir ebenfalls in einer Perfektionsfalle. Natürlich gibt es ein Geflecht aus Vorschriften, Anordnungen, Gesetzen, Regeln und Normen, die dazu zwingen, infrastrukturelle Maßnahmen auf eine bestimmte Weise auszuführen. Gleichwohl können und sollten wir uns mit der Frage beschäftigen, wie wir Infrastruktur so gestalten, dass sie den entsprechenden Vorschriften genügt. Wir sollten uns nicht damit beschäftigen, wie wir diese Vorschriften noch übertreffen könnten. Warum? Weil es erstens nicht erforderlich ist und zweitens vom Handeln abhält. Perfektion ist eine Falle, sie hält vom Wesentlichen – von der Lösung – ab und schafft immer einen Vorwand, etwas nicht machen zu müssen. Dies führt bestenfalls zu unwirtschaftlichen Lösungen, im schlechtesten Fall zu gar keiner Lösung. Eines ist aber ganz klar, das gibt uns die Mathematik vor: Wer jährlich weniger als zwei Prozent seines infrastrukturellen Anlagevermögens erneuert oder saniert, geht davon aus, dass die Infrastruktur länger als 50 Jahre hält. Das kann gut gehen – muss es aber nicht.

Unterhalb einer Erneuerungs- beziehungsweise Sanierungsrate von zwei Prozent beginnt das Prinzip Hoffnung – wie dies ausgehen kann, wissen Profis genau. Nicht selten weisen kommunale Haushalte aber nur eine Investitionsquote von einem halben Prozent aus. Zweihundert Jahre soll die Infrastruktur halten? Das ist fahrlässig. Mindestens.

Während sich im Normal-, also im Betriebszustand nur wenige Menschen über die Zukunftsfähigkeit und auch die Robustheit der Infrastruktur Gedanken machen, ist eine Katastrophe, gleich welcher Art, ein Katalysator. Sie ist aber vor allem auch eine Vermögensvernichtung, aus der sich eine Kommune nur schwerlich erholt. Auch Wiederaufbaufonds finanzieren meist nur den Wiederaufbau des alten Zustands und dies, obwohl man den alten Zustand aus neuen rechtlichen Erfordernissen heraus vielleicht gar nicht mehr herstellen kann. Im Ahrtal wird dies, während wir diesen Text verfassen, auch so erlebt. Ganze Gebiete können nicht in einen neuen, modernen Zustand versetzt werden, weil nur die Mittel vorhanden sind, einen alten Zustand, den Zustand vor dem Eintreten der Katastrophe, wieder herzustellen. Dies ist stellenweise rechtlich gar nicht mehr möglich und führt zu teilweise absurden Wiederherstellungen. Die Kommunen selbst können aber den Neuzustand nicht finanzieren, weil sie sich dafür massiv verschulden müssten. Hinzu kommen Fristen, zu denen Klimaneutralität hergestellt werden soll, ohne dass bekannt ist, welche materiellen, finanziellen, technischen, zeitlichen Ressourcen dafür erforderlich sind.

Es ist löblich, sich Ziele zu setzen. Wenn aber erkannt wird, dass sie unrealistisch sind, bedarf es einer Justage.

Führung, Ausführung und die Frage der Verantwortung

Wenn wir über systemimmanente Hürden sprechen, dann müssen wir einen weiteren Punkt unbedingt thematisieren, nämlich den der Führung und der Ausführung, hier insbesondere aufseiten der kommunalen Auftraggeber.

Zu beobachten ist vielerorts, dass es im Gegensatz zu früher immer weniger technische Führungskräfte in den Behörden gibt und diese oft einen zu geringen Entscheidungsspielraum haben. Unserer festen Überzeugung zufolge liegt hier ein wesentlicher Wirkhebel. Es geht gar nicht so sehr um »mehr Personen«, wie die permanent steigende Nachfrage am Personalmarkt seitens des öffentlichen Dienstes suggeriert. Es geht vielmehr um qualifiziertere Personen, die schneller und wirksamer handeln. Eine technische Führungskraft, die das Fachwissen mitbringt und die ein Team führen kann (und dazu auch die erforderliche Autorisierung erhält), ist einer reinen technischen Fachkraft oder einer reinen behördlichen Führungskraft bei Weitem überlegen.

Wie erwähnt: Wir plädieren hier nicht für die Aufblähung des kommunalen Apparats. Im Gegenteil: Wir plädieren für die qualitativ richtige Ausstattung desselben. »Mehr«, das kann jeder. »Besser«, »wirksamer«, darum geht es. Eine fähige technische Führungskraft kann – auch durch gute und wirksame Kommunikation – zeigen, dass sie messbare, sichtbare und wirksame Ergebnisse für eine zukunftsfähige Infrastruktur mit ihrer Einheit zu liefern in der Lage ist – oft mit weniger Mitarbeitern als man zu Beginn annahm. Das Umdenken von Quantität (Anzahl der Mitarbeiter) auf Qualität (die richtigen Mitarbeiter, dafür aber weniger) gehört allerdings auch nicht zu den ausgewiesenen Kernkompetenzen der meisten Personalabteilungen, doch das ist eine andere Baustelle.

Schaut man auf die Ebene der Sachbearbeiter, so sind dort ebenfalls systemimmanente Hürden festzustellen. Die Entscheidungsbefugnis, der Entscheidungsspielraum von Sachbearbeitern ist mitunter derart eingeschränkt, dass man sich fragen muss, welche Rolle jene Sachbearbeiter noch spielen. Es sitzen doch dort erwachsene Personen, die in ihrem Privatleben über einen ganz bemerkenswerten Verantwortungsspielraum verfügen: Sie treffen mitunter signifikante Investitionsentscheidungen, bauen oder kaufen Häuser und Autos, sie treffen wichtige private Lebensentscheidungen, wechseln den Wohnort, den Arbeitgeber, wählen den Lebenspartner, sie erziehen ihre Kinder, sie bringen sich ehrenamtlich in wichtigen Positionen ein.

Und im Beruf? Im Beruf müssen Sie sich an strikte Regeln halten, die in keiner Weise Auslegung erfahren dürfen, auch wenn ein Sachstand dies empfiehlt oder gar zwingend erfordert. Es muss fortwährend Rücksprache erhalten werden. Da kann etwas nicht stimmen und das kann man auch nicht mit der Tatsache rechtfertigen, dass die Mitarbeiter mit dem Geld des Steuerzahlers umgehen. Vertrauen statt Misstrauen wäre hier angebracht. Gesetze und Vorschriften können und sollten nicht jeden Sonderfall abdecken.

Richtig: Nicht jede Person möchte Verantwortung übernehmen und für manchen Menschen ist es sehr bequem, sich auf bestehende Regelwerke zurückziehen zu können, um dem jeweiligen Gegenüber zu bekunden, dass sein eigenes Handeln und Vorgehen so »Vorschrift« sei. Wir behaupten aber, dass mehr Menschen Verantwortung übernehmen wollen würden, wenn sie dies dürften. Wenn aber ein Sachbearbeiter – um bei diesem Beispiel zu bleiben – Verantwortung übernimmt und eine eigene Entscheidung trifft, bestenfalls keine Sanktion (aber auch kein Lob) erfährt, wenn die Entscheidung sich als richtig erweist und schlimmstenfalls disziplinarische Maßnahmen zu befürchten hat, wenn die Entscheidung sich als falsch erwiesen hat, ist dies eine Hürde. Niemand möchte Schuld haben und daher wird Verantwortung immer weniger übernommen.

Wollen wir diese systemimmanente Hürde der mangelnden Verantwortungsübernahme überspringen oder abbauen, so geht dies vermutlich nur in kleinen Schritten und mit der Unterstützung der Vorgesetzten. Dafür bedarf es in erster Linie an der Spitze einer Kommune oder eines Landkreises Menschen mit Mut.

Damit sind wir auch direkt bei der letzten hier relevanten systemimmanenten Hürde, nämlich der Frage nach **Schuld** und **Recht**.

Von Schuld und Recht

Wir haben über das Schuld-und-Recht-Phänomen schon häufig geschrieben und möchten auch an dieser Stelle noch einmal zum Ausdruck bringen, dass viele Diskussionen darum, wer die Schuld an einer bestimmten Sache trägt und wer Recht in dieser Sache hat, müßig sind. Was vor Gericht wichtig ist, ist auf der Baustelle ein Hindernis. Wenn ein Missstand eingetreten ist, wenn eine unerwartete Situation eingetreten ist, wenn ein Fehler gemacht worden ist, dann ist es wichtig, die sprichwörtliche Kuh vom Eis zu ziehen, also den Missstand, den Fehler, zu beheben und möglichst schnell zu einer Lösung zu kommen. Es ist nicht zuträglich, vor der Eisfläche zu stehen und sich darüber zu unterhalten, wer dafür verantwortlich ist, dass die Kuh auf das Eis gekommen ist. Genau dies geschieht aber immer wieder und in einer Vielzahl der Fälle geschieht dies, um die eigene Position abzusichern.

Schuld-und-Recht-Diskussionen im Zuge eines infrastrukturellen Bauvorhabens sind oftmals müßig. Fortschritt wird dann erzielt, wenn Fehler behoben werden und man sich anschließend vertrauensvoll ins Benehmen darüber setzt, wie die wirtschaftlichen Auswirkungen dieser Fehler ausgeglichen werden können. Nun mag man einwenden, dass dies eine idealistische Sichtweise ist und sich zahlreiche rechtliche Auseinandersetzungen genau mit der Klärung der wirtschaftlichen Folgen von Fehlern beschäftigen. Dem möchten wir entgegensetzen, dass wir in unseren jeweiligen Professionen schon häufig exakt nach der Maxime »Erst den Fehler beheben und hinterher gemeinsam eine Lösung für die wirtschaftlichen und inhaltlichen Auswirkungen des Fehlers – außergerichtlich! – finden« gehandelt haben. Bisher hatten wir in der überwiegenden Zahl der Fälle Erfolg mit diesem Handeln. Insofern mag man uns Idealismus vorwerfen, aber der Killersatz »Das ist unmöglich« ist durch Evidenz widerlegbar.

Bürgermeister und Landräte, die eine Kultur des Problemlösens etablieren und der müßigen Schuld-und-Recht-Kultur den Rücken kehren möchten, stehen vor einer Mammutaufgabe. Erst einmal müssen sie erkennen, welche Kultur tatsächlich herrscht und nicht nur, welche Kultur verbal bezeugt wird. Dann müssen sie in jedem Einzelfall, dessen sie gewahr werden, vorbildhaft auf das gewünschte Ziel einwirken: Weg von »Schuld und Recht«, hin zu »Lösen wir das Problem!«. Erst nach zahlreichen Fällen wird sich die gewünschte Kultur Schritt für Schritt herausbilden. Mitunter hilft es dabei, eine externe technische Führungskraft hinzuzuziehen, um nicht nur über die Innensicht zu verfügen. Wie lange es auch dauert: Die Mühe lohnt sich.

Fünf Fragen an Martin Schell und Alfred Sebastian

- Martin Schell: Vorsitzender des Vorstands *Zukunft Mittelahr AöR*, Dernau
- Alfred Sebastian: Ortsbürgermeister der Ortsgemeinde Dernau

»Wo steht Ihrer Auffassung zufolge heute – im Sommer 2023 – der Wiederaufbau im Ahrtal?«

Alfred Sebastian: Der Aufbau findet sich aus unserer Sicht in einer Art Wartestellung. Einerseits sind die privaten Vorhaben in vollem Gange und zum Teil schon in Fertigstellung, andererseits tritt der kommunale Wiederaufbau auf der Stelle. Heute gehe ich davon aus, dass zehn Jahre für den kommunalen Wiederaufbau nicht ausreichen werden.

»Was ist Ihrer Meinung nach zurzeit die größte Herausforderung im Wiederaufbau?«

Alfred Sebastian: Alles, was nicht eins zu eins aufgebaut wird, weil es zum Teil die Fehler aus der Vergangenheit wiederholen würde, nicht mehr sinnvoll und nachhaltig erscheint oder der aktuellen und zukünftiger Nutzung entgegensteht, ist ein Marathon an Entscheidungsprozessen, und das alles, obwohl Anpassungen zum Teil sogar für den Steuerzahler günstiger werden würden. Diese Prozesse sind fast endlos und die Bereitschaft, außerhalb der Verwaltungsvorschrift *Wiederaufbau* pragmatisch zu entscheiden, ist fast nicht vorhanden.

Martin Schell: Die Verwaltungsvorschrift *Wiederaufbau* ist eine hervorragende Solidaritätsleistung des Bundes und Landes, aber sie ist zu starr und nicht flexibel genug, um auf die entsprechenden Anforderungen und Optimierungsmöglichkeiten zu reagieren. Im

Prinzip ist es am einfachsten, alles mit allen Fehlern wieder aufzubauen. Das ergibt aber natürlich keinen Sinn.

»Welche Erfolgsmuster sehen Sie auf kommunaler, regionaler, landes- und bundesweiter Seite?«

Alfred Sebastian: Die Kommunen für sich sind losgelöst vom bürokratischen Korsett und in der Lage, verantwortungsvoll und nachhaltig zu arbeiten; das hat die unmittelbare Zeit nach der Flutkatastrophe gezeigt. Es entsteht der Eindruck, dass mit jeder weiteren Ebene nach oben die Arbeit verlangsamt, verkompliziert und bürokratisiert wird. Es steht und fällt mit den handelnden Personen.

Martin Schell: Jede Kommune organisiert und setzt für sich um, nur durch informelle Netzwerke und persönliche Interventionen findet ein Austausch statt. Eine Gesamtstrukturierung auf Kreisebene von Synergien, wie beispielsweise bei den Vermessungen der Ahr, findet nicht statt. Das Land und die Behörden versuchen, innerhalb ihrer Möglichkeiten zu unterstützen, was auch mit unseren direkten Ansprechpartnern gut gelingt. Leider machen die Vorschriften allen Beteiligten das Leben von Tag zu Tag schwerer.

Alfred Sebastian: Im Hinblick auf neue Projekte, wie die Wärmewende, versagt allerdings unsere Bürokratie. Die Gefahr, hier Chancen zu verpassen, ist sehr hoch. Der Bund ist nicht präsent.

»Was würden Sie sich im Bereich Neu- und Wiederaufbau wünschen?«

Alfred Sebastian: Ein vereinfachtes Planungs- und Genehmigungsverfahren, einfachere Beteiligungsprozesse und vor allem Mut bei den Behörden, pragmatische Lösungen zu suchen und dafür einzutreten. Die Verantwortungen werden derzeit immer hin- und hergeschoben vom Land zum Bund, vom Bund zum Land. Ebenfalls wünschen würde ich mir eine Verwaltungsvorschrift *Wiederaufbau*, die auf die Bedürfnisse einer zerstörten Landschaft zukunftsfähig regelmäßig angepasst wird.

»Was kann und muss unser Land aus dem Wiederaufbau im Ahrtal lernen?«

Martin Schell: Unser Staat ist extrem leistungsfähig, was wir in den ersten drei Monaten nach der Katastrophe unter Beweis gestellt haben. Es wurden Berge versetzt, Provisorien geschaffen und pragmatische Lösungen gesucht und umgesetzt.

All dies ist mit jedem Tag der Wiederinbetriebnahme der Verwaltung und der Vorschriften schwieriger und komplizierter geworden und führt zu einer starken Bremsung im Wiederaufbau.

Alfred Sebastian: Vorschriften, die erlassen werden, müssen flexibel auf die Anforderungen reagieren und angepasst werden können.

Martin Schell: Unser Land muss für zukünftige Lagen klare Rechtsräume schaffen, in denen schnell und unkompliziert geholfen und wieder gebaut werden kann; ein Stichwort ist hier das der Sonderverwaltungszone.

Alfred Sebastian: Unser Land muss aufhören, alle Entscheidungen bis ins kleinste Detail juristisch zu Tode zu prüfen.

Martin Schell: Unser Land muss den handelnden Personen den Rückhalt geben, Fehler machen zu dürfen. Unser Land muss wieder mutig werden, Entscheidungen zu treffen.

Die lokalen Experten – ein unterschätztes Gut

Die Komplexität von Infrastrukturnetzen beschränkt sich nicht auf Gas-, Strom-, Glasfaser-, Telefon-, Wasser-, Abwasser-, Fernwärme-, Gas- oder weitere Leitungen und auch nicht auf weitere einzelne Infrastrukturelemente. Wir haben es vielmehr auch mit ganzen Versorgungsbereichen, Ingenieurbauwerken und (Energie-)Quellen zu tun. Das Gesamtgeflecht ist mit vielen Wechselwirkungen versehen. All diese Wechselwirkungen sind zu beachten, und das ist in der Situation des Normalbetriebs schon kompliziert genug. Schon während des Normalbetriebs, also während des täglichen Betriebs der unterirdischen Infrastruktur, die niemand sieht und von der jeder ausgeht, dass sie allzeit verfügbar ist, sind lokale Experten von besonderer Bedeutung. In einer Katastrophe, wie der Jahrhundertflut im Ahrtal, der Flutkatastrophe, sind sie (über-)lebenswichtig.

Bereits bei geringer Netzauffälligkeit im Normalbetrieb versucht man, sich zu erschließen, welche Konsequenzen jene Auffälligkeit hat und welches Wissen nun erforderlich ist, um eine regulierende Maßnahme in die Wege zu leiten. In der eskalierten Krise, der Katastrophe, ist alles unübersichtlich, vieles – wahrscheinlich alles – ist neu, der Zeitdruck ist enorm und es werden händeringend Experten gesucht, die sich mit den lokalen Gegebenheiten möglichst exzellent auskennen.

Akteure, die die Zusammenhänge der unterirdischen Infrastruktur komplett vor Augen haben, Menschen, die sich der Wechselwirkungen, welche eine bestimmte Aktion haben würde, bewusst sind, wissen genau, was geschieht, wenn an einer bestimmten Stelle eine bestimmte Maßnahme in die Wege geleitet wird. Sie wissen auch, an welchen Stellen mit welchem – möglichst geringen – Aufwand Funktionsfähigkeiten und Auswirkungen geprüft werden können. Auch diese Akteure – unsere »lokalen Experten« sind fehlbar, auch sie können nicht alles absehen, aber sie sind es, die den Zusammenhängen im Unsichtbaren, im Unterirdischen am nächsten sind. Lokale Experten kennen die Funktionsweise eines Infrastrukturelementes; viele lokale Experten kennen auch mehrere Infrastrukturelemente, ihre Zusammenhänge, ihre Wechselwirkungen.

Diese lokalen Experten wissen, wenn an einer bestimmten Stelle kein Wasser zu beziehen ist, wo dieses Wasser normalerweise herkommt. Sie wissen, was sie beachten müssen, um den Trinkwasserfluss wieder herzustellen. Sie wissen, was sie unternehmen müssen, um zu vermeiden, dass ein gesamter Ortsteil plötzlich vom Wasser abgeschnitten ist oder zu viel Wasserdruck auf den Leitungen liegt. Die lokalen Experten sind es, die sich dadurch auszeichnen, dass sie wissen, ohne es nachlesen zu müssen, welche Zusammenhänge bestehen, und sie sind es, die die besten Empfehlungen ableiten können. Die lokalen Experten sind bereits im Normalbetrieb Goldstücke, im Katastrophenfall sind sie Lebensretter, auch weil sie »stromlos« arbeiten können, weil das Wissen nicht nur auf dem Rechner, sondern in ihrem Kopf ist und weil sie das Können auf andere übertragen können.

Bürgermeister und Landräte sind gut beraten, die Fluktuation vor allem bei den lokalen Experten besonders zu beobachten.

Wer sind sie, die lokalen Experten?

Die lokalen Experten, das sind Menschen, Namen und Gesichter in der Region. Es handelt sich nicht um Institutionen, es sind keine anonymen Typen, sondern sie sind bekannt – als Person zumindest, als Experte eher selten. Es sind technische Angestellte der Netzeigentümer und der Kommunen. Es sind örtliche Planer, Mitarbeiter in Handwerksbetrieben, in Tiefbauunternehmen, es sind Ingenieure in den örtlichen Büros. Ohne Anspruch auf Vollständigkeit sind dies wesentliche Berufsgruppen, in denen lokale Experten zu finden sind. Die Netzeigentümer kennen sich insbesondere in ihren Netzen aus, die lokalen Experten im kommunalen Bereich kennen neben den Zusammenhängen auch die behördlichen Rahmenbedingungen, die lokalen Experten bei Handwerksunternehmen können sich mitunter überraschend gut an einzelne infrastrukturelle Gegebenheiten – bis hin zum individuellen Hausanschluss – erinnern.

Die lokalen Experten in den Tiefbauunternehmen haben die nötigen Fähigkeiten und die nötigen Maschinen für auch grobe Maßnahmen, um die Tiefbauprobleme zu lösen. Sie kennen oft noch jede Grube, die sie eröffnet haben. Die lokalen Experten in den Ingenieurbüros haben eine hohe Kompetenz darin, Zusammenhänge unabhängig vom Infrastrukturelement schnell zu verstehen und darstellen zu können und damit die Möglichkeit zu schaffen, Hilfskräfte gezielt einzusetzen und Ressourcen zu planen.

Nein, nicht jeder Mitarbeiter in einer Kommune, bei Netzeigentümern, in Handwerksbetrieben, Tiefbauunternehmen oder Ingenieurbüros ist auch ein lokaler Experte. Aber zumindest sind dies Orte, an denen lokale Experten gefunden werden können. Durchaus ist es auch möglich, dass benachbarte Netzeigentümer, wie diejenigen, die in der Flutkatastrophe im Ahrtal als Supporter aufgetreten sind, mindestens lokale Teilexpertise haben.

Lokale Experten sind zudem nicht immer sonderlich kommunikationsfreudig, sie kennen aber ihre Fachgebiete und können Sachverhalte einschätzen. Es gibt viel zu wenige lokale Experten und daher sind selbstverständlich auch Knappheiten in einer Katastrophe vorprogrammiert, denn viele der Experten sind, wenn sie nicht nur lokale Expertise haben, sondern auch lokal privat verankert sind, von den Auswirkungen einer Katastrophe unmittelbar betroffen und können gar nicht vollumfänglich fachlich wirken. Wenn man lokale Experten in offiziellen Meetings erlebt, dann sind sie mitunter nervös, weil sie es nicht gewohnt sind, ihre Expertise in großen, nicht selten auch prominent besetzten Kreisen kundzutun. Sie möchten lieber arbeiten. Dafür lohnt es sich, vor einem großen Treffen, in dem die lokalen Experten zu Wort kommen sollen, ein Einstimmungstreffen zu organisieren, um Dinge vorzubesprechen, auch um Nervosität zu nehmen.

Fragt man lokale Experten, welche Kenntnisse sie haben, was ihre Expertise ist, dann wissen sie oft nicht, was sie sagen sollen, denn sie halten ihr Wissen für selbstverständlich, weswegen die Frage dann zu unspezifisch ist. Wenn man lokale Experten bittet, einfach unstrukturiert über ihre Tätigkeit, ihr Wissen, ihre Expertise zu plaudern, dann hören weitere Anwesende, die sich mit dem Gegenstand befassen, aufmerksam zu, sitzen auf der Stuhlkante und man hört immer wieder folgende beispielhafte Aussagen: »Das wussten wir ja gar nicht«, »Das hören wir zum ersten Mal«, »Das haben wir ganz anders eingeschätzt« oder »Das ist für uns völlig neu«. Wohl dem, der in einer solchen Situation entweder eine Aufzeichnung laufen lässt oder zumindest aufmerksam mitschreibt.

Die lokalen Experten sind Namen, Personen, Gesichter der Region. Sie sind keine anonymen Typen.

Welche Art von lokalen Experten gibt es und wie finden wir sie?

Die Expertise der lokalen Experten ist vielfältig. Manche Experten sind ganz tief in einem Infrastrukturelement bewandert, sie kennen sich im Detail mit den Einzelheiten und den Zusammenhängen von Trinkwasser, Abwasser, Gas, Fernwärme oder einem anderen Element aus. Manche lokalen Experten haben berufsbedingt die Zusammenhänge vor Augen, sind dafür aber nicht so tief in den einzelnen Infrastrukturelementen mit Wissen ausgestattet; hierzu gehören vor allem die Planer und die Ingenieurbüros. Der Vorteil der erstgenannten Experten liegt auf der Hand: Besteht ein bestimmtes Problem mit einem singulären Infrastrukturelement, kommt der lokale Experte als Fachexperte zum Tragen. Besteht ein Problem mit mehreren Infrastrukturelementen, ist es wichtig, Experten zu befragen, welche die Zusammenhänge kennen und die vor allem den Zugang zu lokalen Fachexperten haben, diese namentlich kennen und idealerweise die Telefonnummer verfügbar haben. Insbesondere wenn sich mehrere Infrastrukturelemente im Abweichungsmodus befinden, kommt es darauf an, eine Vielzahl von Fachexperten zu kennen, eine Beziehung zu ihnen zu haben und ihr Wirken zu koordinieren und zu bündeln.

Wir unterscheiden bei den Infrastrukturakteuren Silber-, Gold- und Diamantexperten voneinander, denn auch bei den Experten gibt es Qualitätsstufen, die Expertise lebt von der Tiefe und von der Breite der Erfahrung. Silberexperten sind mindestens zehn Jahre im Beruf und haben in dieser Zeit eine erkennbare Expertise aufgebaut. Goldexperten haben deutlich mehr Jahre Erfahrung sowie Expertise aufzuweisen und stehen zehn Jahre oder weniger vor dem Ruhestand. Diamantexperten sind

Experten und Wissensträger, die sich bereits im Ruhestand befinden. Insbesondere die Diamantexperten werden systematisch unterschätzt und vergessen. Es handelt sich um Techniker, um Meister, um Ingenieure, die ihr ganzes Leben in einer bestimmten Region gearbeitet haben und über eine Fülle von Wissen über die unterirdische Infrastruktur verfügen. Es handelt sich um Menschen, die bei Netzeigentümern gearbeitet haben, die auch die Sprache der weiteren Infrastrukturakteure kennen. Es handelt sich um technische Führungskräfte, die sich ihr ganzes berufliches Leben damit beschäftigt haben, die Infrastruktur in ihrer Kommune zu pflegen und weiterzuentwickeln, gemeinsam mit ihren Teams. Insbesondere die Führungskräfte wissen auch, wer aktiviert werden kann und wer welche Problemtypen bereits einmal gelöst hat.

Wie zuvor erwähnt: Viele der Diamantexperten befinden sich im Ruhestand und selbstverständlich müssen diese im Rahmen einer Katastrophe angesprochen werden, denn ihr Wissen ist von unschätzbarem Wert. In den Phasen der Flutkatastrophe im Ahrtal wurde die Zusammenkunft von Diamantexperten auch liebevoll die *Silberrückenrunde* genannt.

Um über das Wissen dieser hoch wertvollen Experten auch nach deren aktiven Zeit verfügen zu können, muss man sie natürlich nicht nur kennen, sondern sich auch zum richtigen Zeitpunkt an sie erinnern. Dies ist ein wesentlicher Engpass, denn die Expertise der lokalen Experten ist häufig gar nicht vollumfänglich oder an den relevanten Stellen bekannt. Die guten lokalen Experten schwingen sich nicht auf und prahlen mit ihrer Expertise. Die meisten lokalen Experten würden von sich gar nicht behaupten, dass sie lokale Experten seien. Sie zeichnen sich auch dadurch aus, dass sie wissen, wo ihre Kompetenz endet und wann ein bestimmtes Thema an jemand anderen übergeben werden muss. Sie wissen auch, wann ihr eigenes Thema, für das sie Experte sind, ruhen muss, weil ein anderes Thema Priorität hat. Sie handeln oft unbemerkt und das ist eine Kenntnishürde.

Wie findet man sie also, die lokalen Experten? Würde man in eine beliebige Stadt mit der Aufgabe hineinschauen, lokale Experten zu finden, dann würde man sicher bei den Stadtwerken fündig werden. Man würde auch im Tiefbauamt nachfragen, wer sich mit welchen Themen beschäftigt, man würde fragen, mit welchen Tiefbauunternehmen, Ingenieurbüros und Planern in der Stadt gearbeitet wird und was aktuelle Projekte sind. Man würde auch fragen, wer welches unter- oder oberirdische Infrastrukturbauwerk gebaut hat, wer es geplant hat, welche Maschinen und Anlagen verbaut sind und welche Unternehmen Wartungsarbeiten durchführen. Auch größere Handwerksunternehmen würde man ansprechen; idealerweise jene, die auch einen Überblick über die Handwerkslandschaft haben und die Auskunft darüber geben können, in welchen Handwerksbetrieben echte Experten sitzen.

Auch die jeweiligen lokalen Mitglieder der »Blaulichtfamilie« kennen die lokalen Experten zu einem bestimmten Thema. So wird die (Freiwillige) Feuerwehr an jedem Wirkungsort die lokalen Experten zum Thema *Wasser* und *Abwasserleitungen* kennen.

Die lokalen Experten sind oft nur durch Fragen, Kenntnis und langjährige Beziehungen erkennbar und auffindbar. Sie selbst kennen einander aber sehr wohl, weil sie sich häufig begegnen. Es gibt keinen dezidierten Ort für lokale Experten. Sie werden selten gebündelt.

In der Flutkatastrophe im Ahrtal wurden vierzehn Informationspunkte aufgebaut, an denen die Bürger Fragen stellen konnten. Ähnliche Fragen wurden zu Fragenkomplexen gebündelt. Es wurden dann zusammen mit den lokalen Experten Lösungen erarbeitet, die an die Informationspunkte zurückgespiegelt wurden. Natürlich wollte insbesondere die Presse immer mehr Informationen, es ist ja auch ihre Aufgabe, umfänglich zu informieren. Schritt für Schritt wurden Karten und Pläne erarbeitet, die Aufschluss darüber gaben, wo sich bereits wieder Wasser befand, wo der Strom längst wieder verfügbar war, wo Abwasser wieder regulär floss. Nach einer Weile wurden täglich Pressemitteilungen versendet, die Aufschluss über das weitere Vorgehen gaben, denn die Unruhe und der Unmut mancher Bürger wurde natürlich mit Woche zu Woche größer. Das Grundproblem war, dass keinerlei Notfallpläne für solche Situationen greifbar waren. Es gab auch eine Zuständigkeitsdebatte: Wer hat einen Plan, wer darf konzipieren, wer darf entscheiden? Das Land? Der Landkreis? Die Kommunen?

Es gibt keinen Ort für die lokalen Experten und sie würden sich auch nicht als solche bezeichnen. Die lokalen Experten arbeiten einfach, machen ihren Job. Sie haben aber das ganze Leitungsnetz vor Augen und nur wenige wissen über das Vorhandensein dieses Wissens Bescheid. Die Insider, die wissen es. Sie kennen die lokalen Experten und untereinander kennen sich die lokalen Experten auch – teilweise sogar über Generationen. Es ist ein wenig wie ein geheimes Netzwerk, das aber nie formal geschaffen wurde und auch nie beschlossen hat, geheim zu sein. Es fehlt vielfach einfach das Interesse an den lokalen Experten.

Dies zeigt, wie wichtig es ist, die Struktur der lokalen Experten sichtbar zu machen. Hier geht es nicht um Werbung, hier geht es nicht darum, dass bestimmte Personen eventuell bevorzugt eingesetzt werden. Hier geht es darum, wer welches Wissen hat. Es geht darum, wer schnell helfen könnte, und es geht darum, wie dieses Wissen der lokalen Experten noch stärker verfügbar gemacht werden kann. Eines ist nämlich klar: Die lokalen Experten bunkern ihr Wissen nicht. Sie teilen ihr Wissen gern, wenn man die richtigen Fragen stellt. Dafür ist aber eines wichtig: das Interesse am einzelnen Menschen.

Die Rolle der lokalen Experten in der Flutkatastrophe

Zeigen sich Unbeteiligte angesichts eines Katastrophenberichts in den Medien bereits nicht selten erschüttert, ist die Katastrophe für diejenigen, die unter ihren Auswirkungen zu leiden haben, real und mitunter lebensbegleitend. Die Menschen, die eine Katastrophe erlebt haben, werden diese Eindrücke nicht vergessen. Dies gilt auch für lokale Experten, die ja nicht nur die auftretenden Probleme lösen können und sollen, die durch eine lokale Katastrophe ausgelöst wurden; sie sind vielfach auch selbst betroffen und dies hat immense Auswirkungen auf ihr Denken, Handeln und Wirken. Sie können nicht einfach »funktionieren«, auch wenn dieses »Funktionieren« in einer Katastrophe häufig die Flucht nach vorn ist, um wenigstens etwas zu tun, um wenigstens geholfen zu haben. Umso bemerkenswerter ist es, wie wirksam die lokalen Experten in der Ahrtal-Katastrophe waren.

Zunächst einmal ging es bei der Flutkatastrophe im Ahrtal darum, die Wege zu räumen, um die Erschließung zu sichern. Es war ja nicht nur so, dass sämtliche Infrastrukturelemente außer Kraft gesetzt waren, es war an den meisten Stellen auch gar kein Handeln möglich, weil Schlamm, Öl, Unrat, Teile von Häusern, ganze Autos oder Campingwagen, alles nur Erdenkliche auf den Straßen lag, an die vormaligen Brücken gespült wurde und die Zuwegung schlicht nicht mehr gegeben war. Als Erstes ging es also darum, diese Zuwegung zu ermöglichen, damit als Nächstes vor allem Strom und Wasser wieder verfügbar gemacht werden konnten. Die Auswirkungen der Katastrophe waren inhaltlich und räumlich so umfangreich, dass zu Beginn enorm viel Selbsthilfe stattfinden musste. Landwirte, Unternehmer, Hilfsorganisationen, sie alle hatten unkonventionell dafür Sorge getragen, dass private Häuser erst einmal wieder erreichbar und zugänglich wurden, schließlich ging es darum, Vermisste zu finden und Leben zu retten.

Schritt für Schritt wurden alle Probleme mit den verfügbaren lokalen Experten analysiert und es wurden zunächst grobe Lösungskonzepte umgesetzt. Vom Groben ins Detail, das ist in der Bewältigung einer Katastrophe wichtig. Das Lagebild in einer Katastrophensituation ist hochdynamisch – und dies war in der Flutkatastrophe im Ahrtal nicht anders. Natürlich konnte es nicht bei groben Lösungen bleiben. Aber auch wenn es ins Detail ging, waren die lokalen Experten besonders wichtig, denn sie wussten, wie auf bestimmte Grundstücke gelangt werden konnte, wie sich das unterirdische Netz an bestimmten Grundstücken darstellt und welche Hebel in Bewegung zu setzen waren.

Wir haben es bereits ausgeführt: In der ersten Zeit nach der Flut war Improvisation gefragt. Viele Gedanken und Verantwortungen wurden hin- und hergeschoben. Es wurde viel angepackt, aber niemand verfügte über ein auch nur ansatzweise vollständiges Bild der Sachlage. Es herrschte ein unausgesprochenes Abwarten, ein Warten darauf, dass jemand die Führung übernahm. Dadurch war auch der Raum gegeben für die zahlreichen Eigeninitiativen, die größtenteils sehr erfolgreich waren. Diese Eigeninitiativen waren stark gestützt von Spontanhelfern und der »Blaulichtfamilie« und es wurden schnell lokale Fortschritte erzielt. Das

Problem war nur, dass die lokalen Fortschritte dazu führten, dass nicht unbedingt das Gesamte optimiert wurde. Schutt wurde einfach irgendwohin gekippt, Schlamm irgendwo abgeladen.

Die lokalen Experten wurden natürlich möglichst schnell hinzugezogen, denn sie waren zumindest größtenteils bekannt. Ein Problem ergab sich dadurch, dass diese lokalen Experten fortwährend unter Berichtsdruck standen. Unentwegt prasselten Fragen auf sie ein: »Wie klappt denn die Maßnahme A, ist schon eine Maßnahme für das Problem B in Sicht? Wie ist denn die Lage überhaupt? Haben sich schon Verbesserungen eingestellt? Was können wir der Öffentlichkeit berichten? Wann wird was genau wieder verlässlich funktionieren?«

Die Anzahl der Fragen war unendlich groß und die lokalen Experten wollten eigentlich nur arbeiten. Zeit war kostbar und sie benötigten diese verfügbare Zeit, um die Lage zu analysieren und über komplexe Lösungsmaßnahmen nachzudenken. Ein großer Teil dieser Zeit musste aber für die Berichterstattung gegenüber den unterschiedlichen Anspruchsgruppen aufgewendet werden, ohne dass diese Informationen immer substanziell oder neu waren, aber die Nachfrage nach Nachrichten war ungeheuer groß. Ist der Informationsbedarf auch verständlich und gerechtfertigt, so ist eine der Lehren aus der Katastrophe, dass die lokalen Experten idealerweise nicht mit einer Vielzahl von Fragen konfrontiert werden, die sie im Zweifel aufgrund der Kürze der Zeit noch gar nicht beantworten können oder deren Antwort bislang nicht die gebotene Substanz enthält. Es empfiehlt sich, die lokalen Experten einfach ihre Arbeit machen zu lassen, denn wir können festhalten, dass insbesondere diejenigen Dinge gut funktioniert haben, die durch die lokalen Experten durchgeführt wurden.

Im Wesentlichen besteht die Herausforderung in der Katastrophe darin, nicht nur lokale Optimierungen durchzuführen, sondern vielmehr auch die Wechselwirkungen zu beachten, die eintreten, wenn eine bestimmte Maßnahme durchgeführt wird. All dies geschieht unter Unsicherheit und eine wesentliche Aufgabe besteht darin, Informationen zu sammeln, um Sicherheit zu erlangen, die dabei hilft, die anstehenden Maßnahmen zu beurteilen und das Risiko zu begrenzen. Nebenbei gilt es, lokale Auffälligkeiten zu registrieren und gegebenenfalls zu korrigieren. Entsteht beispielsweise eine Müllhalde im Heilquellenschutzgebiet, dann muss diese Müllhalde selbstverständlich unverzüglich entfernt werden. Aber nicht genug damit: Es ist auch Vorsorge dafür zu treffen, dass ein erneutes Entstehen einer solchen Müllhalde vermieden wird. Wer darauf Patentantworten sucht, sucht diese vergebens.

Auch für praktikable Lösungen stehen die lokalen Experten mit raschen Antworten zur Verfügung. Frage: Wohin soll der Klärschlamm, der unkontrolliert in Richtung der Kläranlage fließt, aber erstens nicht mehr in den vorgesehenen Strukturen und zweitens, sollte er überhaupt an der Kläranlage ankommen, durch diese nicht geklärt werden kann, weil die Anlage nicht mehr funktioniert? Die Antwort: Der Klärschlamm kommt vorläufig auf die Sportplätze und auf Grünflächen. Ist dies unkonventionell? Hat dies möglicherweise Folgeschäden zur Folge? Das könnte sein, aber die lokalen Experten stehen permanent unter dem Druck, Abwägungen treffen zu müssen.

Anfangs einer Katastrophe sind nicht unmittelbar Lösungen zu erwarten, es ist vielmehr mit Provisorien zu arbeiten. Der Klärschlamm musste eben auf die Sportplätze verladen werden – oder es musste eine Trasse durch die Weinberge als Zwischenlösung geschaffen werden. Dies waren keine perfekten, aber kluge und praktikable Lösungen. Es waren Lösungen, die aus der Katastrophe, aus den Anforderungen, welche die Katastrophe stellte, entstanden. Sie lösten ein Problem, das in der Not gelöst werden musste. Unter anderem deshalb ist es auch schwierig, die Angemessenheit von Maßnahmen rückblickend zu beurteilen, denn am grünen Tisch, in der Nachbetrachtung, lässt es sich leicht darstellen, wie manches hätte richtiger gemacht werden können. In der Katastrophe muss gehandelt werden; immer unverzüglich, nicht selten sogar sofort. Provisorien sind daher unabdingbar. Unbedingt erwähnt werden müssen in diesem Zusammenhang die Bürgermeister, denn sie kennen natürlich die Möglichkeiten ihres Wirkungsbereichs sehr genau und in der Ahrtal-Katastrophe kamen viele ausgezeichnete Provisoriumsvorschläge von den Bürgermeistern.

Während der Ahrtal-Katastrophe halfen zahlreiche Bau- und Betriebshöfe aus der ganzen Bundesrepublik. Das Hilfsangebot war beeindruckend, stellenweise überwältigend und vielfach überfordernd. Um die zahlreichen Hilfen zu koordinieren, wirkten auch die lokalen Experten mit, die den Helfenden Anweisungen gaben, welche Bezirke wie zu betreuen waren, wo Material zu lagern war, wo geparkt werden sollte, welche Regionen unbedingt freigehalten werden sollten, weil dort bestimmte Maßnahmen bereits konzipiert oder angedacht waren, welche Wechselwirkungen zu beachten waren und so weiter. Im Übrigen war es auch gar nicht so einfach, die Helfer unterzubringen. So wurden, neben der angebotenen Nutzung von Privatunterkünften, auch Turnhallen und Bürgerhäuser umfunktioniert. Auch dies war ein Provisorium, aber eben eine gute Zwischenlösung.

Apropos »Wechselwirkungen«: Stellvertretend für viele Fragestellungen seien einige Beispiele genannt, welche die Anforderungen an das Zusammenhangdenken der lokalen Experten veranschaulichen sollen.

So lautet eine der Fragen, die beim Freispülen von Leitungen auftritt: Wenn wir an einer bestimmten Stelle versuchen, eine Leitung frei zu spülen, wohin spülen wir denn dann? Wohin läuft die Spülung? Eine Frage, die nur die lokalen Experten beantworten können.

Gleiches gilt für die Wechselwirkungen zwischen unterschiedlichen Versorgungsgebieten: Will ein Gebiet ein anderes Gebiet mit Wasser versorgen, sind die unterschiedlichen Druckzonen zu beachten, denn möglicherweise werden bei Überdruck gegenüber dem gewohnten Druck zahlreiche Hausinstallationen zerstört. Die lokalen Experten wissen so etwas und können die entsprechenden Maßnahmen einleiten, um diesen Ausgleich zu schaffen. Dabei sind die theoretischen Überlegungen wichtig, aber man darf nicht enttäuscht sein, wenn die Realität diesen Überlegungen gegenübersteht. So kam es anfangs der Katastrophe im Ahrtal immer wieder vor, dass Keller bei Inbetriebnahme der Wasserleitungen wieder unter Wasser gesetzt wurden, weil noch zerstörte Leitungen unerkannt waren. In der Realität ist ein schrittweises Vorantasten das richtige Vorgehen und man darf nicht enttäuscht sein, wenn nicht alles sofort funktioniert.

Ähnliche Wechselwirkungen wie oben beschrieben gelten im Übrigen auch für das Abwasser: Wie und wohin leiten wir Abwasser, wenn es unkontrolliert verläuft, vielleicht plötzlich aus einem Wohngebiet auftritt und wir sicherstellen müssen, dass wir es nicht an eine Stelle leiten, an der noch ein größerer Schaden entsteht?

Wir könnten an dieser Stelle noch weitere Beispiele benennen, denn für Fernwärme, Strom, Gas, Telefonleitungen und Straßenbeleuchtung sowie viele andere Infrastrukturelemente gilt diese Bedeutung der Fern- und Wechselwirkungen analog.

Wie wichtig die lokalen Experten sind, wird nicht nur dann deutlich, wenn sie von einer Katastrophe selbst betroffen und daher nicht einsetzbar sind, sondern, auch wenn sie bereits aktiv waren und dann ausfallen, sei es, weil ihre Nothilfe in der Familie, am privaten Ort des Geschehens gefragt ist oder weil sie gesundheitsbedingt ausfallen, nicht selten vor Erschöpfung. Auch dies war während der Flutkatastrophe im Ahrtal vielfach der Fall, durchaus auch dann, wenn es galt, sehr dringende Aufgaben zu lösen. Da die lokalen Experten – eben durch ihren Expertenstatus – nicht in ausreichender Anzahl zur Verfügung stehen, bestand in einer solchen Situation immer Not. Mitunter konnten Experten aus benachbarten Kreisen gewonnen werden, die zumindest über ein grundsätzliches Wissen verfügten, das nahe dem Wissen unserer lokalen Experten lag, wenngleich auch die Ortskenntnis nicht in der Tiefe bestand.

Eine weitere Lehre aus der Katastrophe ist daher, idealerweise Pärchen zu bilden, um das Wissen zu teilen, die Arbeitslast abzufedern und einen Puffer für einen Ausfall zu haben. Natürlich ist dies alles andere als leicht, wenn wir anerkennen, dass die lokalen Experten rar gesät sind.

Immer dann, wenn im Rahmen der Bewältigung der Katastrophenauswirkungen eine bestimmte Maßnahme mit lokalen Experten ausreichend konturiert, abgegrenzt, definiert war, dann konnte es selbstständig von Fachkräften durchgeführt werden, die nicht über die ausgeprägte lokale Expertise verfügten, aber dazu musste zunächst klar sein, dass die lokalen Gegebenheiten bekannt und berücksichtigt waren.

Lokale Experten brauchen Wertschätzung

Der objektive Bedarf nach lokalen Experten ist groß. Wir wollen an dieser Stelle gar nicht in das allgemeine Klagen über den Fachkräftemangel sprechen, denn das Wissen, das gefragt ist, ist hochspezifisch. Und um lokaler Experte zu werden, benötigt man nicht nur viele Berufsjahre, sondern – der Begriff »lokaler Experte« enthält ja das Wort »lokal« – es bedarf des langjährigen Wirkens in einem bestimmten regionalen Gebiet. Die Kommunalpolitik und die Werksausschüsse haben eine Mitverantwortung, die Voraussetzung für weitere lokale Expertise zu schaffen. Es muss den technischen lokalen Betrieben möglich sein, Mitarbeiter zu bekommen und dafür ist ein attraktives Umfeld erforderlich. Es gibt auch aktuell keinen Markt, der die Menschen, die sich mit Infrastruktur beschäftigen, gezielt weiterentwickelt. Kommunen suchen händeringend nach Experten oder angehenden Experten. Immer mehr Quereinsteiger kommen hinzu.

Die Fluktuation ist signifikant, Wertschätzung ist – insbesondere in Kommunen – oft gering, oder sagen wir: entwicklungsfähig. Als Unternehmer sind wir in der Privatwirtschaft beheimatet und wir werden selbstverständlich nicht einem ausufernden öffentlichen Haushalt das Wort reden, aber wir sind auch davon überzeugt, dass bei dem Prinzip »Klasse statt Masse«, mehr schaffen mit weniger Aufwand, gezielte Investitionen in Vergütungen von wirklichen Experten – und nicht reinen »Verwaltern« – Haushalte sogar entlastet werden können.

Wohnen, arbeiten, sich erholen, sich versorgen zu können, dies sind Grundfunktionen des Daseins. Die Infrastruktur ist eine Bedingung, um diese Daseins-Grundfunktionen sicherstellen zu können. Die Tatsache, dass wir die Infrastruktur als Bürger nicht spüren und als selbstverständlich ansehen beziehungsweise erst das Nicht-Vorhandensein von Infrastruktur als erhebliches Defizit erleben, liegt daran, dass viele lokale Experten diese Selbstverständlichkeit sicherstellen. Diese lokalen Experten sorgen dafür, dass wir uns in Sicherheit wiegen können. Dies aber ist ein Trugschluss. Die lokalen Experten können stark sein, wenn sie unterstützt werden. Schwächt man diese Gruppe, schwächt man das gesamte System.

Wenn die lokalen Experten nicht wertschätzend behandelt werden – sowohl in der kommunalen Verwaltung als auch bei den Werken und den privaten Unternehmen –, wenn sie keine Perspektive sehen, sich zu entwickeln und ihr Wissen gezielt einzubringen, dann gehen sie. Bestenfalls wechseln sie nur den Arbeitgeber, im schlimmsten Fall unternehmen sie etwas gänzlich anderes oder wandern aus der Region, in der sie bisher wirkten, aus. Sind lokale Experten aber erst einmal nicht mehr vorhanden, fällt erstens auf, welch »stille Wertschöpfung« sie zuvor geleistet haben, denn sie arbeiten häufig im Hintergrund und berichten nicht fortwährend über ihre Erfolge, und zweitens muss diese Expertise neu aufgebaut werden. Daher ist es eminent wichtig, die lokalen Experten nicht nur zu kennen, sondern auch, sie zu würdigen, zu sehen, mit verantwortungsvollen Aufgaben zu betreuen und ihnen eine Perspektive zu bieten. Fehlen lokale Experten in der Kette, droht dem ganzen System ein Zusammenbruch. Ein oft folgenschwerer Fehler ist die Annahme, man könne lokale Experten schnell und kurzfristig ersetzen, denn die Expertise ist ja nicht theoretischer Natur, sondern sie baut sich über Jahre hinweg auf und trägt dann immer mehr Früchte. Lokale Expertise will sorgsam gepflegt werden.

Was kann wo konkret getan werden?

Wir müssen in Bezug auf unsere Infrastruktur wesentlich robuster werden, und zwar bereits im Normalbetrieb, nicht erst in der Katastrophe. Dazu bedarf es gemeinsamer Erkenntnisse, es bedarf der Bekenntnisse und es bedarf gezielter Veränderungen sowie wirkungsvoller Aktivitäten.

Kommunen, Kreise und die Rolle der politischen Spitzen

Auch die Verwaltungen von Kommunen, die Bürgermeister von Städten sowie die Landräte von Landkreisen gehen berechtigt davon aus, dass die Infrastruktur funktioniert. Es wird davon ausgegangen, dass alles geregelt sei. Es ist aber in der Regel nicht alles geregelt. Erfahrene lokale Experten weisen oft darauf hin, dass Missstände in der Infrastruktur bestehen, die unbedingt behoben werden müssen. Wir sprechen hier nicht von Kosmetik, sondern von erforderlichen Investitionen in die Basis unserer Daseins-Grundfunktionen. Natürlich ist es verständlich, dass Bürgermeister und Landräte nicht fortwährend das Thema *Infrastruktur* auf dem Wahrnehmungsradar haben. Infrastruktur steht nicht auf jeder Meeting-Agenda. Dies kann sich aber schnell ändern, wenn das Thema *Infrastruktur* nicht zumindest gelegentlich strukturiert besprochen wird, und zwar mit der kommunalen Spitze.

Selbst die Regierungsspitzen, die Oberbürgermeister oder regierenden Bürgermeister von Metropolen können sich – trotz wesentlich umfangreicherer Möglichkeiten und Notwendigkeiten der Aufgabenteilung gegenüber kleineren Kommunen – des Themas *Infrastruktur* nicht entziehen. Es ist ihre Aufgabe, neben der Delegation wichtiger Elemente, den Aufbau eines Netzwerks aus lokalen Experten zu fördern. Fällt die Infrastruktur aus, sei es durch eine Katastrophe, eine Krise oder bedingt durch mangelhafte Investitionen in der Vergangenheit, fällt dies immer auch auf den (Ober-)Bürgermeister zurück. Natürlich wird jener (Ober-) Bürgermeister einer Metropole nicht persönlich Hand anlegen, aber er muss eben dafür sorgen, dass die richtigen Maßnahmen ergriffen werden. Dazu ist es erforderlich, dass sich die Spitze der Kommune zumindest gelegentlich mit infrastrukturellen Fragestellungen beschäftigt. Zu einer dieser Fragestellungen gehört auch die Frage der wirkungsvollen Organisation lokaler Experten.

Die »Gretchenfrage«, die sich eine Kommune, ein Landkreis, ein Bürgermeister, ein Landrat stellen muss, um zu wissen, ob man zur Bewältigung einer kleineren Krise oder auch größeren Katastrophe hinreichend gut aufgestellt ist, lautet: »Stellen Sie sich vor, Sie haben in Ihrer Gemeinde keinen Strom und kein Wasser. Die Experten, die Sie kennen, sind nicht aufzutreiben, weil Sie diese erstens nicht erreichen können und weil sie zweitens mit der Bewältigung der Auswirkungen der Katastrophe im eigenen Privatbereich beschäftigt sind. Was tun Sie?«

Es muss sich auch gar nicht um Katastrophen des diesem Buch zugrunde liegenden Ausmaßes handeln. Es gibt auch neben Katastrophen Krisensituationen, die Ausnahmesituationen darstellen. So berichtet etwa

Michael Maag, technischer Leiter des Wasserwerks der Gemeinde Kreuztal in Nordrhein-Westfalen, dass man 7.000 Menschen einige Tage lang nicht mit Wasser versorgen konnte, weil ein massiver Rohrbruch vorlag. Nach drei Tagen war der Abwassergeruch nahezu unerträglich, weil die Toilettenspülungen nicht mehr funktionierten, Menschen konnten sich nicht waschen, nicht duschen, nicht baden, in den Turnhallen wurden Duschmöglichkeiten eingerichtet, die Freiwillige Feuerwehr stellte Trink- und Brauchwasser bereit und die Kläranlage Kreuztal spülte die Kanäle. All dies waren Themen, die Maag zuvor nicht zu bewältigen hatte. Hinzu kam für Herrn Maag – neben der inhaltlichen Bewältigung dieser Krise – seine kommunikative Einbindung, weil er als verantwortlicher Experte permanent unter Berichtsdruck stand, um das Lagebild zu kommunizieren. In einer solchen Krise ist es wichtig, dass man nicht der Einzige ist, der die Lage beurteilen kann, der die Zusammenhänge kennt und diese vermitteln kann, und nicht auch zugleich derjenige ist, der das gesamte Maßnahmenbündel verantwortet. Dies ist nicht das beste Modell der Bewältigung einer Krise im Bereich der Infrastruktur. Es wird eine gute Arbeitsteilung benötigt und dafür sind mehr Experten erforderlich. Im Ahrtal hat die Krise in einigen Kommunen dazu geführt, dass sich auch die Organisation weiterentwickelt hat, aber Organisationen dürfen natürlich nicht nur in Krisen wachsen.

Weitere Krisen lassen sich leicht herleiten. Denken wir an Starkregenereignisse, in deren Rahmen kleinere Gewässer über die Ufer treten: Verdeutlichen wir uns hier die Auswirkungen von größeren Stromausfällen über längere Zeit, führen wir uns die Folgen größerer Rohrbrüche bei Transportleitungen vor Augen oder vergegenwärtigen wir uns, was der Ausfall von Fernwärme im Winter über einen längeren Zeitraum bedeuten kann. All dies sind Krisen, die noch gar nicht mit Verletzten oder gar Toten einhergehen, die aber sehr wohl eine deutliche Abweichung vom Normalbetrieb der Infrastruktur bedeuten und denen mit einer neuen Form der Zusammenarbeit begegnet werden muss.

Die Umsetzung können andere Verantwortliche übernehmen. Die Verantwortung indes verbleibt beim Oberbürgermeister, beim Bürgermeister, beim Landrat. Um aber einschätzen zu können, ob die Verantwortung überhaupt realistisch auf soliden Füßen steht, dürfen sich die kommunalen Spitzen nicht mit wohlklingenden Lippenbekenntnissen, wie »Das bekommen wir hin«, »Das schaffen wir rechtzeitig« oder »Das ist bereits eingeplant«, abspeisen lassen. Die Spitzen der kommunalen Verwaltung müssen immer auch in das **Wie** hinabsteigen können. Nein, es geht nicht darum, jedes Detail zu hinterfragen, aber wir alle wissen, dass eine gute, interessierte »Wie-Frage« dazu führt, dass man entweder sicher erkennt, ob ein Plan und eine Handlungskette hinter dem wohlklingenden Satz stehen oder ob nur heiße Luft in einem Ballon ist, der bei der ersten »Wie-Frage« platzt.

Bürgermeister und Landräte sollten mindestens einmal im Jahr einen Infrastrukturtag ins Leben rufen. Dabei geht es sowohl um den Fortschritt der Infrastruktur als auch um deren Sicherheit. Auch hier ist es von großer Bedeutung, die lokalen Experten einzubinden und sie besser kennenzulernen. Verfügen wir über hinreichende Expertise? Diese Frage ist insbesondere für die besonders kritischen Elemente der Infrastruktur erforderlich, nämlich Wasser und Strom. Im Notfall läuft das Abwasser einfach irgendwohin. Dies ist unerfreulich, aber im Vergleich zum Ausfall von Wasser und Strom eben nur unerfreulich. Wasser und Strom sind kritisch.

Im Übrigen muss das Ehrenamt deutlich gestärkt werden. Freiwillige Feuerwehren, das *Technische Hilfswerk*, die vielen weiteren ehrenamtlichen Akteure der »Blaulichtfamilie«, ebenso wie die ehrenamtlichen Akteure in den technischen Ausschüssen, den Gremien, den Werksausschüssen sind wertzuschätzen. Und dabei ist das Ehrenamt eine attraktive Chance, mitzuwirken und weiterzuentwickeln.

In kleinen Verbandsgemeinden gibt es immer noch ehrenamtliche Bürgermeister, von denen extrem viel verlangt wird. Hier bedarf es hauptamtlicher Unterstützung, denn ein Ehrenamt eines Bürgermeisters bedeutet vom Aufwand her heute oft genau so viel Zeiteinsatz wie ein Hauptamt. Die Erwartung der Bürger (und auch von Behörden) an die Leistungen von Gemeinden ist unabhängig davon, ob die Gemeinde haupt- oder ehrenamtlich geführt wird. Die Aufgaben und Anforderungen steigen fortwährend und ein Ehrenamt ist ein Nebenamt, kein

Hauptberuf. Flankierende Unterstützung ist hier zwingend erforderlich, für den Regelbetrieb bereits, für die Katastrophe umso mehr. Natürlich sind die Verwaltungspositionen hauptamtlich besetzt, aber die (ehrenamtlichen) Bürgermeister stehen trotzdem oft allein. Eine sinnvolle Weiterentwicklung ist auch die Schulung der Bürgermeister im Hinblick auf den Katastrophenschutz und den Umgang mit Katastrophen.

Auch hier sei es noch einmal ausdrücklich erwähnt: Es geht nicht um das Aufblähen des Verwaltungsapparats, es geht um den wirksameren Einsatz vorhandener Mittel und Ressourcen. Mehr schaffen mit maximal gleichem Einsatz, das soll der Leitgedanke sein.

Interkommunale Zusammenarbeit stärken

Ein wesentliches Defizit liegt in der kommunenübergreifenden und interkommunalen Zusammenarbeit. Im Fall einer Katastrophe – und dies muss gar keine Flutkatastrophe sein, es kann genauso gut ein Anschlag, ein Einbruch, ein Ausfall der Trinkwasserversorgung in einem größeren Teilgebiet, ein anderer Notfall sein – ist es hilfreich, wenn benachbarte Kommunen einander aus dem Stand helfen können. Dies wird aber nicht oder nur selten gefördert. Auch Trockenübungen, unterstützt durch lokale Experten, sind die Ausnahme. Was passiert aber, wenn ein Anschlag auf unser Wasser- oder Abwassersystem verübt wird? Was passiert, wenn die Kommunikation ausfällt? Was passiert im Winter, wenn plötzlich keine Wärme mehr in den Wohnungen ist? Man möchte sich dies nicht vorstellen, es ist aber erforderlich, sich mit diesen Fragen auseinanderzusetzen und zur Beantwortung dieser Fragen lokale Experten hinzuzuziehen.

Auch eine Vulnerabilitätsanalyse hilft, um festzustellen, wo eine Kommune besonders verletzlich und angreifbar ist. Wird dieses Thema aufgebracht, heißt es häufig: »Wir haben aktuell andere Dinge zu tun, als uns mit Extremszenarien zu beschäftigen. Dafür haben wir jetzt keine Zeit.« Alternativ wird vorgetragen, man hätte nicht die personellen Kapazitäten, um Derartiges durchzuspielen. Auch ein Rückzug auf die Zuständigkeiten mag zwar rechtlich korrekt sein, ist aber in keiner Weise der Lösung des Problems dienlich.

Zur gestärkten Robustheit gehört, dass präventiv zwischen Kommunen und Kreisen besprochen wird, was im Rahmen einer Katastrophe von anderen Kommunen und Kreisen übernommen werden kann. Beispiele sind das Ordnungsrecht, Sozialleistungsthemen oder viele Verwaltungsthemen, die eine Kommune oder ein Kreis zu leisten hat. Diese können, sollte eine Katastrophe oder eine Krise eintreten, im Rahmen einer Abstimmung an andere Kommunen und Kreise übergeben werden, die eine ähnliche Größe und eine ähnliche Struktur aufweisen. Auf diese Weise kann sich die betroffene Kommune oder der betroffene Kreis auf die Behebung der Auswirkungen der Katastrophe konzentrieren. Natürlich ist dies ein hehrer Ansatz, aber das Ausprobieren lohnt sich. Es ist immer leichter, etwas schnell niederzureden, als etwas auszuprobieren.

Nicht nur in Bezug auf Verwaltungsaufgaben, auch in Bezug auf die Infrastruktur ist es lohnend, wenn in einer Kommune nicht nur die eigene Infrastruktur bekannt ist, sondern auch die der nächsten Nachbarschaft, um für den Fall der Fälle vorbereitet zu sein, schnell Einschätzungen vornehmen und Hilfe bereitstellen zu können. Ist eine Trinkwasseranlage oder ein Hochbehälter erst einmal ausgefallen, muss man sofort die Auswirkungen kennen und temporäre Lösungen schaffen. Das isolierte Denken innerhalb der eigenen Kommune oder innerhalb des eigenen Kreises führt nicht zu hinreichender Robustheit.

Im Ahrtal halfen viele externe Supporter, die nicht nur helfende Hände bereitstellten, sondern auch über Fachexpertise verfügten. Aber warum überhaupt? Natürlich, weil die meisten Menschen gern helfen; und weil die Supporter gemerkt hatten, dass ihre Fachexpertise benötigt wurde. Natürlich dürfen diese Supporter nun auch erwarten, dass ihnen auf gleiche Weise geholfen würde, wenn über einen längeren Zeitraum technische Führung, technische Hilfe oder die Aufrechterhaltung der Infrastruktur in ihrer Heimatgemeinde erforderlich wäre.

Ein Hemmnis sind die Organisationsformen der demokratischen Gremien. Dies soll am Beispiel der Verwaltungsstruktur im Ahrtal verdeutlicht sein: Die Stadt Bad Neuenahr-Ahrweiler verfügt über einen Bürgermeister und einen Stadtrat. In den Stadtteilen von Bad Neuenahr-Ahrweiler gibt es Ortsvorsteher und einen Ortsbeirat. Die Verbandsgemeinde Altenahr hat einen Verbandsbürgermeister, der wiederum Chef der Verbandsgemeindeverwaltung und damit für die Verwaltungstätigkeiten verantwortlich ist, die für die selbstständigen Gemeinden der Verbandsgemeinde erforderlich sind. Die Gemeinden wiederum verfügen über Ortsbürgermeister und Gemeinderäte. Die Städte und Verbandsgemeinden im Landkreis Ahrweiler werden durch den Landrat verantwortet. Dieser wiederum arbeitet mit dem Kreistag als Gremium zusammen.

Das klingt kompliziert? Mag sein, aber es wird komplexer und komplizierter zugleich, denn wenn wir über interkommunale Zusammenarbeit sprechen, so endet diese plötzlich an den Grenzen der Bundesländer. Unterschiedliche Organisationsformen führen dazu, dass beispielsweise eine Stadt wie Meckenheim, mit knapp 25.000 Einwohnern Rathaustätigkeiten von Bad Neuenahr-Ahrweiler gar nicht übernehmen könnte, weil die Arbeitsweisen unterschiedlich sind und auch Genehmigungsverfahren unterschiedlich gehandhabt werden, obwohl Bad Neuenahr-Ahrweiler im Hinblick auf die Einwohnerzahl mit knapp 27.000 in einer ähnlichen Größenordnung liegt. Hier sind zusätzliche Hürden für eine interkommunale Zusammenarbeit verborgen. Aber auch hierfür gibt es Lösungen; wenn man diese wirklich wollen würde, auch über Bundesländergrenzen hinaus. Wenn aber die erste Frage ist: »Wer finanziert das denn?«, kann man gleich aufhören.

Die interkommunale Zusammenarbeit ist eine der wirksamsten Maßnahmen, um Robustheit zu erzeugen, weil dadurch Redundanz geschaffen wird. Ebendiese interkommunale Zusammenarbeit wird aber durch eine Vielzahl von Faktoren erschwert. Eine dieser Erschwernisse ist das Ego-Bestreben einzelner Kommunen, das unter anderem dadurch gefördert wird, nicht dafür »belohnt« zu werden, wenn anderen Kommunen geholfen wird. Wenn es einen Retentionsschutz in Heimersheim gibt, ist dies ein Schutz für Sinzig. Warum aber sollte man in Heimersheim einen solchen Retentionsschutz für Sinzig aufbauen? Natürlich, die Antwort liegt auf der Hand: Damit das Gesamtsystem »Ahr« funktioniert. Gleichwohl finden in solchen Fällen immer wieder die Diskussionen statt, die mit der Frage beginnen: »Warum wir?«

Die interkommunale Zusammenarbeit ist alles andere als einfach. Einerseits bestehen häufig zahlreiche Altkonflikte zwischen Gemeinden, die beispielsweise aus der Konkurrenz um Touristen, um wirtschaftliche Ansiedlungen, um kaufkräftige Fach- und Führungskräfte oder um Kurgäste herrühren, andererseits wird auch beständig aufgerechnet, ob man im Rahmen einer interkommunalen Zusammenarbeit nicht übervorteilt würde. Wir dürfen davon ausgehen, dass Infrastruktur keine Grenzen kennt – ebenso wenig, wie Katastrophen oder Krisen eine Grenze kennen – und dürfen fordern, dass bei allem gebotenen Standortwettbewerb Konkurrenzdenken in Bezug auf Infrastruktur abgelegt und gegen Zusammenarbeit getauscht wird.

Ein anschauliches Beispiel dafür bieten die Gemeinden Dernau, Rech und Mayschoß, die eine Zukunfts-AÖR (Anstalt des öffentlichen Rechts) gegründet und aufgebaut haben, die *Zukunft Mittelahr AÖR*.[6] Dachte früher noch jede Gemeinde für sich, wird in der AÖR gemeinsam für die Region gedacht. Auch die Verbandsgemeinde Altenahr, die aus zwölf eigenständigen Ortsgemeinden besteht, ist ein klares Beispiel, denn: Im Rahmen der Verbandsgemeinde können gemeinsame Projekte gestemmt werden, die eine einzelne Gemeinde nicht durchzuführen imstande wäre.

Nicht jeder kann überall Experte sein. Daher lohnt es sich, darüber nachzudenken, welche Kommune für welches Infrastrukturelement oder für welche infrastrukturelle Frage Expertise aufbauen soll. So ist es unter anderem möglich, dass eine Kommune in einem bestimmten Umkreis Expertise für den Hochwasserschutz der gesamten Region aufbaut, eine andere Kommune Expertise im Bereich der Trinkwasserqualität aufbaut, eine wiederum andere Gemeinde sich zum Experten in Bezug auf die

6 Weiterführende Informationen zur *Zukunft Mittelahr* finden sich unter: https://zukunft-mittelahr.de

Stromversorgung einer Region entwickelt. Regelmäßige Übungen unter Einbezug aller Gemeinden der definierten Region können das Wissen festigen, sodass die Handgriffe sitzen und die erforderlichen Tätigkeiten im Notfall sofort in Erinnerung gerufen werden können. Interessierte Bürger, die daran teilnehmen, sind im Krisenfall eine wertvolle Unterstützung.

Der interkommunalen Zusammenarbeit steht häufig auch eine destruktive Kommunikation entgegen, die aus der Vergangenheit herrühren kann: »Nein, mit denen möchten wir nicht zusammenarbeiten!« – nachfolgend werden geringschätzende Bemerkungen über die andere Kommune angehängt. Wird aber negativ über die Nachbarkommune gesprochen, hat dies eine enorme Wirkung, insbesondere wenn dies die Kommunenspitze so vollzieht oder auch nur duldet. Das geringschätzende Sprechen über die Nachbargemeinden trennt und führt nicht zusammen. Sprache ist eben eminent wichtig.

Mitunter ist es Gewohnheit, die den negativen Sprachgebrauch zwischen Kommunen prägt. Häufig sind es Emotionen, die nicht selten durch buchstäblich steinalte Erfahrungen aufgewärmt werden und oft auf verletzten Egos basieren. Sollen aber wirklich Veränderungen stattfinden, ist für solche destruktiven Kommunikationselemente kein Platz mehr. Dies gilt insbesondere für die Spitze von Kommunen oder Kreisen, denn das, was an der Spitze gesagt wird, wiegt besonders schwer. Gemeinsame interkommunale Sitzungen von Werksausschüssen oder Stadt- beziehungsweise Gemeinderäten helfen, Vorurteile abzubauen, und zeigen im Übrigen auch, dass überall nur mit Wasser gekocht wird.

Im Ernstfall ist es wichtig, dass Gemeinden sich gegenseitig vertreten, wenn eine Gemeinde von einer (Natur-)Katastrophe oder einer Krise betroffen ist. Denn die zur Krisenbewältigung erforderlichen Personen in der betroffenen Gemeinde stehen möglicherweise gar nicht zur Verfügung, weil sie privat von den Auswirkungen betroffen sind.

Liebe Bürgermeister und Bürgermeisterinnen, liebe Landräte und Landrätinnen: Bereiten Sie sich darauf vor, Ihren Nachbarn zu helfen, wenn das Erfordernis besteht. Das ist zugleich Ihr bester Schutz. Wenn jemand krank ist, soll er nicht selbst ins Krankenhaus fahren, sondern er muss gefahren werden. Dafür braucht man einen ausgebildeten Fahrer.

Zusammenspiel der öffentlichen Hand und der Privatwirtschaft

Das Bewusstsein für die Bedeutung und den Zeit-, Geld- und Aufmerksamkeitsbedarf zukunftsfähiger Infrastruktur muss drastisch steigen. Infrastruktur muss wesentlich strategischer angegangen werden. Fehlt die Strategie, besteht das Risiko einer Fehlleitung von monetären oder personellen Ressourcen. Es ist ja nicht nur so, dass Infrastruktur das private Leben ermöglicht, sie ist auch Bedingung für wirtschaftliches Wirken. Ist Infrastruktur nicht mehr vorhanden oder fallen Teile aus, ist die Kaskade schnell durchlaufen: Unternehmen können nicht mehr vernünftig arbeiten, die Gesundheitsversorgung funktioniert nicht mehr, der Tourismus wird geschwächt, Einnahmen aus Gewerbesteuern sinken, die Kommune ist weniger leistungsfähig, kann weniger in Erhalt und Erneuerung investieren, wird zunehmend unattraktiver und die Spirale dreht sich abwärts. Die Infrastruktur hat eine unmittelbare Auswirkung nicht nur auf das Leben, sondern auch auf das Wirtschaften. Sie ist eine Zukunftsdeterminante.

Ein Kernengpass in Deutschland ist, dass Infrastruktur häufig nur durch situatives Betreiben einzelner Träger auf die Tagesordnung kommt. Nur in wenigen Fällen wird die gesamte Infrastruktur durchdacht, Infrastrukturgespräche behandeln meist einzelne Infrastrukturelemente. Wir kennen keine Infrastruktur-Strategiegruppe, die sich übergreifend – wichtig: mit identischem Interesse! – um die Entwicklung kommunaler Infrastrukturen kümmert. Fragt man aber die Abwasserexperten allein, fehlen viele andere infrastrukturelle Elemente. Fragt man die Gasexperten allein, fehlen wiederum andere Infrastrukturelemente. Der ganzheitliche Blick auf die unterirdische öffentliche und auch die private Infrastruktur fehlt.

Dies hat nicht nur strategisch-konzeptionelle Nachteile, es führt auch dazu, dass sich Verantwortungen zwischen öffentlicher Infrastruktur und privater Infrastruktur oftmals nicht mehr klären lassen. Häufig ist zu beobachten, dass beispielsweise Glasfaser über andere Infrastrukturelemente verlegt wird, ohne die Konsequenzen bedacht zu haben beziehungsweise ohne eine hinreichende Abstimmung herbeigeführt zu haben. Wird dann – um das Beispiel fortzuführen – ein Glasfaserkabel durchtrennt, wird zunächst das Tiefbauunternehmen zur Verantwortung gezogen. Die Versicherungen für diese Art von Schäden kommen gar nicht nach, ihre Prämien entsprechend anzupassen. Geschieht ein solcher Schaden im Rahmen einer kommunalen Maßnahme, wälzen wir die Verantwortung vom Privaten ins Öffentliche ab. Die Allgemeinheit zahlt, was durch bessere Abstimmung zwischen Privatwirtschaft und öffentlicher Hand hätte vermieden werden können. Es fehlt die Strategie.

Wer denkt eigentlich für die Kommune? Es bedarf einer besseren Abstimmung zwischen Privatwirtschaft und öffentlicher Hand. Natürlich möchte ein Wirtschaftsunternehmen nicht darauf warten, dass die öffentliche Hand irgendwann einmal mit einer Infrastrukturmaßnahme fertig ist. Konkret, um bei dem eingangs genutzten Beispiel »Glasfaser« zu verbleiben: Will ein Telekommunikationsunternehmen Glasfaser verlegen, verspürt es nachvollziehbarerweise wenig Neigung, darauf zu warten, dass die Kommune endlich ihre Abwasserleitungen gelegt hat. Netzeigentümer erwarten – oft kostenfreie – Unterstützung ihrer Ausbau- oder Erneuerungsvorhaben; der entstehende buchstäbliche Flickenteppich, der auch zu einem erhöhten Unterhaltungsaufwand führt, steht in den privatwirtschaftlichen Überlegungen hinten an, denn diesen hat meist die Kommune zu tragen.

Sind die Beweggründe auch nachvollziehbar, muss dieser Konflikt doch zwingend aufgelöst werden. Dies geschieht am besten durch Expertengruppen, die sich strategisch und taktisch um den Neubau oder um Erhaltungsmaßnahmen von Infrastruktur kümmern. So ist es ein guter Ansatz, dass Errichter von Anlagen künftig nicht nur projekt-, sondern auch prozessbezogene Arbeiten vornehmen. Tiefbauunternehmen, Maschinenbaufirmen, Sanitärheizungsbetriebe und viele mehr sollten Angebote unterbreiten, um die Instandhaltung des Gebauten und Errichteten zu gewährleisten – also auch das Betreiben, nicht nur das Errichten. An Ingenieurbüros wird diese Forderung zunehmend herangetragen, denn

Kunden erwarten zunehmend nicht nur die planerische und ausführende Projektarbeit, sondern es wird in zunehmendem Maße erwartet, dass Ingenieurbüros auch die Prozesse der Kunden betreuen. Dies kann beispielsweise bedeuten, dass ein Ingenieurbüro jedes Jahr auf einen Kunden zukommen muss, um einen Maßnahmenplan der Trinkwasserversorgung zu aktualisieren, Workshops dafür durchzuführen, ein konkretes Ergebnis mit Maßnahmenplänen zu erarbeiten, dies zu dokumentieren und auch Teile aus der erarbeiteten Maßnahmenplanung zu übernehmen.

Der Gedanke ist, vom Projekt des Errichtens zum Prozess des Betreibens zu kommen. Es ist zukunftsweisend, den Gedanken zu verfolgen, weitere Expertenaufgaben in die Privatwirtschaft zu verlagern und dadurch eine Absicherung, eine gewisse Redundanz zu erzeugen. Dass die kritische Infrastruktur im hoheitlichen Regiebereich der Kommune verbleiben muss, bleibt davon unbenommen.

Die lokalen Experten verbinden

Es bedarf eines Netzwerks, das die lokalen Experten verbindet. Dazu gehört auch, dass die Diamantexperten einbezogen werden. Der Leser erinnert sich: Dies sind diejenigen Experten, die sich vielleicht schon im Ruhestand befinden, die über ein enormes Wissen verfügen, das auch nicht so schnell veraltet, da sich die Infrastruktur eher langsam verändert. Ein solches Netzwerk bezieht die lokalen Experten aus Ingenieurbüros, kommunalen Unternehmen, kommunalen Behörden und privaten Unternehmen ein. Es gibt bereits Jahrestreffen, zu denen sich die Netzeigentümer treffen. Es gibt Jahrestreffen der Hausinstallateure, die beispielsweise von den Wasserwerken organisiert werden und bei denen darüber gesprochen wird, was in Zukunft geplant ist. Diese Art von Treffen, der Einbezug der lokalen Experten, muss noch stärker institutionalisiert werden.

Das implizite Wissen der lokalen Experten muss unbedingt explizit gemacht werden, was bedeutet, dass das Wissen nicht nur in den Köpfen der Experten vorliegen darf, sondern dass möglichst vieles davon materialisiert und gesichert wird. Dies ist nicht allein durch Einträge in

Datenbanken möglich. Denn die funktionieren nicht mehr, wenn der Strom ausfällt.

Ein beispielhafter Lösungsbeitrag, um die lokalen Experten sichtbar zu machen und sie miteinander zu vernetzen, bietet das Portal *localexpert24.de*. In diesem – von Markus ins Leben gerufenen – Portal werden nicht nur Baupunkte veröffentlicht, im Sinne einer Dokumentation des unterirdisch Verlegten. Viele lokale Experten kommentieren dies auch mit ihrem eigenen Wissen in Form von Bildern und kommentierten Videos. Über die Informationen, die in dem Portal abgelegt sind, ist es möglich, über einen bestimmten Baupunkt, über einen bestimmten Ort, an lokale Experten zu gelangen. Das Portal wurde in der Flutkatastrophe im Ahrtal sehr intensiv genutzt – zugegeben: Auch dafür benötigten wir zunächst wieder Strom. Seit einigen Jahren finden organisierte Regionalveranstaltungen statt, in denen eine Vertrauenskultur aufgebaut wird, um die einzelnen lokalen Experten und deren bereits existierende Netzwerke miteinander zu verbinden und zu stärken.

Die größten Nutznießer von *localexpert24* sind die Netzeigentümer. Sie können mithilfe von *localexpert24* das lokale Expertennetzwerk kennenlernen, fördern und für den Fall der Katastrophe auch die Experten mit Menschen zusammenbringen, die sich explizit mit Katastrophenschutz beschäftigen.

Wissen, Können und Improvisationsmut fördern

Zur Robustheit gehört unter anderem, dass es eine nachvollziehbare Orientierungshilfe gibt, damit nicht jedem Helfer im Rahmen einer Katastrophe erklärt werden muss, welcher Einsatzort an welcher Stelle ist und welche Einsatzart dort erforderlich ist. Es muss eine Grundorientierung geben: Diese muss, wenn eine Katastrophe eintritt, unverzüglich verfügbar sein und verfügbar gemacht werden können. Zu Robustheit gehört auch, dass eine Stellvertreterstruktur aufgebaut wird, weil es unmöglich ist, dass Menschen dauerhaft 120 Stunden am Stück arbeiten, was in der Katastrophenbewältigung im Ahrtal nicht selten der Fall war. Auch an der Frage der – nicht nur auf dem Papier – gelösten Stellvertretung in den technischen Bereichen können Bürgermeister und Landräte erkennen, wie es tatsächlich um die Robustheit der Infrastruktur – aus Führungssicht – bestellt ist. Wir empfehlen ausdrücklich, dass sich die kommunalen Spitzen aktiv in die Besetzung der Top-Positionen in den technischen Leitungen einbringen.

Auch in der Bürgerschaft ist es wichtig, ein ausgeprägteres Bewusstsein für das richtige Verhalten während Katastrophen zu schaffen, und es muss neben diesem ausgeprägteren Bewusstsein auch eine wesentlich höhere Kenntnis über das richtige Verhalten in solchen Ausnahmesituationen geschaffen werden. Dies können sehr einfache Regeln sein, wie zum Beispiel: »Im Katastrophenfall sammeln wir uns alle im Bürgerhaus.« Das Bewusstsein für Katastrophen und der Wille sowie das Vermögen, sich damit auseinanderzusetzen, ist in der Bürgerschaft so lange gering, bis eine Katastrophe eintritt. Dann aber müsste das Wissen und Können bereits vorhanden sein. Wir wähnen uns in Sicherheit – und das ist auch gut so –, aber wir sollten vorbereitet sein, mindestens für rudimentäre Sicherheitsmaßnahmen. Auch im Ahrtal wird das Wissen über das richtige Handeln im Katastrophenfall und die Bereitschaft, sich mit Katastrophensituationen vorbereitend auseinanderzusetzen, sinken, wenn die Jahre ins Land gegangen sind. Daher plädieren wir für ein kontinuierliches Fortbildungsprogramm, das bereits in der Schule beginnen sollte: Was bedeutet das Signal einer Sirene? Wo sammeln wir uns im Katastrophenfall? Wie kommunizieren wir, wenn die gewohnte Kommunikation über Telefone und elektronische Medien nicht mehr möglich ist? Wo sind richtige Anlaufstellen?

Um Robustheit zu erlangen, bedarf es auch des Mutes und der Improvisation. Wir haben bereits über das stillgelegte Kloster Kalvarienberg berichtet, das im Rahmen der Flutkatastrophe im Ahrtal als Schulersatz genutzt wurde. Dort ist der Wasserdruck aber nicht hoch genug, um etwa die Toilettenspülung zu betätigen oder das Wasser zum Händewaschen bereitzustellen. Der Werkleiter der Stadtwerke Andernach hat mit seinen Monteuren in Andernach daraufhin eine mobile Druckanlage als Provisorium gebaut, die mittels eines Anhängers zur provisorischen Schule gefahren wurde. Das Problem war vorübergehend gelöst.

Derartige Improvisationen sind nicht nur im Rahmen einer Katastrophe hochgradig wertvoll. Es geht um Lösungen, nicht um Perfektion.

Selbsthilfe organisieren und transparent informieren

Die für den Normalbetrieb vorgesehenen Institutionen kommen im Katastrophenfall sehr schnell an ihre Grenzen. In Heimersheim zum Beispiel gibt es einen Ortsbeirat, der üblicherweise dann aufgesucht wird, wenn ein Bürger von einer Maßnahme, wie beispielsweise einem Straßenausbauprojekt, betroffen ist und dafür Anliegerbeiträge zahlen soll. Der vorstellig gewordene Bürger informiert sich über das Projekt und versucht, seine Kosten einzugrenzen. Im Allgemeinen wird der Ortsbeirat eher selten frequentiert. Im Rahmen der Flutkatastrophe im Ahrtal wurden beim Ortsbeirat etwa 200 Personen vorstellig, um Fragen wie »Warum wird das Flussbett nicht verbreitert?«, »Warum sind die Kanäle zu klein?«, »Wie stellen wir die Bauwerke wieder her?« und »Wie werden derartige Auswirkungen, wie wir sie erlebt haben, denn in Zukunft verhindert?« zu stellen. Die Bürger waren erheblich verunsichert und das Vertrauen in die kommunalen Strukturen sank, weil die Gremien die Anzahl der Fragen nicht oder nicht in hinreichender Zeit beantworten konnten.

Menschen sind zugänglich für Lösungen, sie wollen aber Antworten haben, das ist ihr gutes Recht. Eine höhere Robustheit wird auch dadurch erlangt, indem Bürger schnell und präzise Auskünfte und Antworten erhalten. Da die kommunalen Strukturen teilweise durch die schiere Menge an der nach der Katastrophe auftretenden Anfragen und Einzelner überfordert waren und sind, wurde eine Bürgerinitiative mit vier Untergruppen gegründet, die nun von den Institutionen Antworten bekommt, welche die einzelnen Bürger als Anfragende nicht bekämen. Die Bürger einzubinden, um in strukturierter Form Probleme zu lösen, auch dies sorgt für Robustheit.

Zu Selbsthilfe gehört auch, dass Vor-Ort-Besichtigungen infrastruktureller Bauwerke, Orte und Einrichtungen organisiert werden. Die Bürger müssen die Chance haben, sich über Hochwasserschutz,

Energieversorgung, Wasserversorgung, Abwasser und Kommunikationsstrukturen informieren zu können. Diese Besichtigungen sollten idealerweise von Experten geführt werden, die objektiv informieren und Hinweise dazu geben, wie die Bürger sich im Katastrophenfall verhalten sollten, wie sie sich aber auch im »Normalbetrieb« Wissen über Infrastruktur aneignen können, um im Ernstfall besser gerüstet zu sein. Hauseigentümer und Mieter müssen sich an definierten Stellen informieren können, welchen Risiken sie potenziell gegenüberstehen und wie sie damit umgehen. Erste Priorität muss es sein, Opfer zu verhindern. Unserer Beobachtung zufolge haben wir diesbezüglich in Deutschland an vielen Stellen eine offene Flanke.

Es muss darüber nachgedacht werden, wie kommunalpolitische Rituale institutionalisiert werden können. So wird in manchen Gemeinden der Waldschadenbericht im Wald vorgestellt. Aber warum finden nicht Veranstaltungen zur Zukunft der Infrastruktur an wesentlichen, kritischen Elementen der Infrastruktur statt? Jawohl, das macht Mühe, wird aber, wenn man die Bürger einlädt, wesentlich erfolgreicher und nachhaltiger sein, als eine trockene Erörterung von Situationen, Plänen und Maßnahmen in einer Ratssitzung.

Das Land Rheinland-Pfalz ist zum Zeitpunkt des Verfassens dieses Buches sehr rege damit beschäftigt, strukturiert mit den einzelnen Fragestellungen zum Wiederaufbau des Ahrtals umzugehen, in enger Einbindung der einzelnen Kommunen. Die Frage, wie der zukünftige erwünschte Lauf der Ahr sein soll, wie der Hochwasserschutz verbessert werden kann, wie mit touristischen Einrichtungen, wie etwa Campingplätzen umgegangen werden soll, wie Gesundheitseinrichtungen und Schulen besser geschützt werden sollen, all dies sind Fragen, die strukturiert aufbereitet werden. Schritt für Schritt wird eine Struktur erkennbar, auch wenn das Land zum Zeitpunkt des Verfassens dieses Buchmanuskripts aus verschiedenen Gründen in der Kommunikation noch vergleichsweise zurückhaltend ist. Die Komplexität der Beantwortung der Fragen kann nicht überschätzt werden, denn es sind zahlreiche Partikularinteressen zu berücksichtigen.

Anlieger fragen, wie es sein kann, dass sie plötzlich an einem Notfließweg wohnen. Die Anwohner versuchen, die damit verbundene Klassifizierung ihrer Liegenschaften zu vermeiden, weil sie annehmen, dass das betreffende Grundstück einen geringeren Wert haben wird, wenn der Fluss bei Überflutung darüber fließt. Es werden Pläne mit Zonen eingerichtet, in denen nicht mehr gebaut werden darf (gelbe Zone), Zonen, in denen der Ahr nichts mehr zusätzlich in den Weg gestellt werden darf (blaue Zone), und es wird verdeutlicht, bis wohin das Wasser in der Flutkatastrophe stand (rote Linie).

Das Ahrtal-Modell, das derzeit erarbeitet wird, soll unterstützend dabei helfen, nachzuvollziehen, was in der Flutnacht tatsächlich geschehen ist. Dabei wird es eine Simulation ermöglichen, wie einzelne Maßnahmen wirken, wie diese Maßnahmen den Verlauf der Flutkatastrophe verändert hätten, wenn sie zuvor bereits ergriffen worden wären. Es werden Simulationen durchgeführt, die andere Verläufe der Ahr betrachten, Rückhaltebecken einplanen und Retentionsflächen berücksichtigen. Das Ahrtal-Modell wird wesentlich dazu beitragen, dass die Region robuster wird – zumindest im Hinblick auf eine Flutkatastrophe.

Wie wichtig es ist, Wissen zu transportieren, mag an dem folgenden Beispiel deutlich werden. Dr. Martin Keding, Experte aus dem Ingenieurbüro von Markus, trug bereits vor der Flut im Ortsbeirat von Heimersheim vor, welche Auswirkungen es hätte, wenn die Ahr an der Heppinger Brücke über die Ufer träte und in den Ort Heimersheim hinter der B266 flösse. Er machte deutlich, dass ein riesiges Wasserbecken in Ehlingen entstünde und Ehlingen massiv geflutet werden würde. In der Nacht der Flutkatastrophe erinnerte sich Feuerwehrmann Michael Füllmann an diese Ausführungen, als das Wasser trotz Sandsäcken nicht gehalten werden konnte. Füllmann alarmierte sofort seine Tochter, die sodann laut rufend durch das Unterdorf lief, Menschen weckte und damit Leben gerettet hat.

Wir müssen nicht nur das Wissen, wie in einer Katastrophe zu handeln ist, in die Bevölkerung bringen, sondern auch das Können. Im Falle einer Flutkatastrophe müssen die Bürger, die in einem Notfließweg wohnen, dies wissen und richtig handeln. Die Bürger, die in der Nähe eines

Gewässers wohnen, müssen wissen, wie sie zu handeln haben, wenn Hochwasser eintritt. Auch diejenigen, die an Kanälen wohnen, deren oberirdische Deckel als Erstes dem Wasserdruck nachgeben und hochgehen, sodass Wassermassen unkontrolliert an die Oberfläche treten, müssen wissen, wie sie sich zu verhalten haben. Dazu müssen wir aber beispielsweise wissen, wo welche Kanaldeckel als Erstes hochgehen. Bedenken wir, dass Überflutungen aus drei Quellen kommen: aus dem Gewässer, aus dem Außengewässer über den Notfließweg, aus dem Kanal. Um das Wissen für das richtige Verhalten aufzubauen, zu verankern und abrufbar zu machen, ist eine neue Form der Zusammenarbeit in Bezug auf zukunftsfähige Infrastruktur zwingend erforderlich.

Neue Formate: Die Starkregenwerkstatt und der Trinkwassertag

Glücklicherweise gibt es in Richtung zukunftsfähiger Infrastruktur schon einige neue Formen einer wirksamen Zusammenarbeit. Zu nennen ist beispielsweise das Format der Starkregenwerkstatt. Teilnehmer sind Bürgermeister, technische Beigeordnete, Leiter von Tiefbauämtern, Vertreter der Abwasserwerke, die mit Niederschlagswasser zu tun haben, Ingenieurbüros, Vertreter von Genehmigungsbehörden, wie etwa der oberen Wasserbehörde und Vertreter des Ministeriums. Es kommen aber auch Hersteller von System- und Produktlösungen zum Thema *Hochwasserschutz und Starkregenvorsorge* zur Starkregenwerkstatt. Natürlich ist dies keine Verkaufsveranstaltung, sondern es geht um Information und Austausch.

Das wesentliche Resultat der regelmäßig stattfindenden Starkregenwerkstatt ist das gemeinsam angereicherte Wissen, aber auch Verständnis darüber, welche Absichten die Politik hat, welche Arten von Forderungen es gibt und welche Herangehensweisen es methodisch und inhaltlich gibt, um einen besseren Umgang mit den Auswirkungen von Starkregen zu ermöglichen. Die Starkregenwerkstatt hat diesen Namen nicht zufällig, denn der Begriff »Werkstatt« soll verdeutlichen, dass der Schwerpunkt darauf liegt, Erkenntnisse nicht nur zu erlangen, sondern daraus auch Ableitungen zu schmieden und Dinge in die Tat umzusetzen. Es wird also tatsächlich gearbeitet in einer solchen »Werkstatt«. Für den Praxisbezug werden auch erprobte Vorgehensweisen, Systemlösungen und auch der Einbezug erfolgreicher Produkte besprochen. Hier geschieht genau das, was im Hinblick auf den zukunftsfähigen Ausbau von Infrastruktur geschehen soll, es wird nämlich der Bogen vom politischen Willen über planerische Kompetenz zur Umsetzungsfähigkeit gespannt, um den Menschen in potenziell betroffenen Regionen mehr Sicherheit zu verschaffen.

Auch der Trinkwassertag, der ebenfalls regelmäßig stattfindet und an dem vor allem Werkleiter und technische Akteure, Führungskräfte, Planer und Monteure von Wasserwerken und Wasserversorgern, ebenso wie Vertreter von Ingenieurbüros und Genehmigungsbehörden teilnehmen, ist ein Element einer neuen Form der Zusammenarbeit. Der Schwerpunkt des Trinkwassertages besteht darin, sich darüber auszutauschen, wie mit Verkeimung im Trinkwasser umgegangen werden kann und wie diese Verkeimungen im Krisenfall idealerweise gar nicht erst eintreten. Auf dem Trinkwassertag werden auch Praxisbeispiele wie das bereits erwähnte Krisenbeispiel aus Kreuztal offen diskutiert. Die gemeinsame Praxiserfahrung führt zu wirksamen Maßnahmen für die Zukunft.[7]

Beiden oben genannten Formaten ist gemein, dass durch den Austausch ein gemeinsames Lernen und das Erarbeiten von

7 Weiterführende Informationen zur Starkregenwerkstatt, zum Trinkwassertag und zu weiteren Veranstaltungen der *Infrastruktur-Akademie* finden Sie unter: https://infrastruktur-akademie.de/veranstaltungen

Lösungen ermöglicht wird. Es werden reale Erfolgsmuster, Engpässe sowie Lösungen herausgearbeitet und es wird regelhaft festgestellt, dass nicht alles an jeder Stelle immer wieder neu erfunden werden muss. Die technische Infrastruktur ist dankbar für Erfolgsmuster. Nicht jede Kommune, nicht jeder Kreis muss die Methoden, Vorgehensweisen und Instrumente immer wieder neu erfinden. Um die Vorteile von Erfolgsmustern zu nutzen, muss man sich aber mit Bestehendem beschäftigen, was immer etwas weniger Außenwirkung erzielt, als etwas Neues zu erfinden. Man muss bereit sein, anzuerkennen, dass die eine oder andere Kommune, der eine oder andere Kreis vielleicht schon in manchen Fachgebieten weiter ist als man selbst daheim. Im Gegenzug kann man sicher auf einem anderen Gebiet glänzen und sein Wissen weitergeben. Lösen muss man sich zwingend von der Haltung »Das geht bei uns nicht« oder »Das kann nicht funktionieren«. Es geht darum, Wege zu finden, wie bestehende Lösungen in den eigenen kommunalen Strukturen funktionieren und nicht darum, aufzuzeigen, warum der eine oder andere vorgestellte Weg in der eigenen Kommune, im eigenen Kreis »auf keinen Fall« funktionieren kann.

Fünf Fragen an Steffen Liehr

- Werkleiter von *RheinHunsrück Wasser*, Dörth
- Unterstützende technische Führungskraft von der Blaulichtphase bis heute

»Wo steht Ihrer Auffassung zufolge heute – im Sommer 2023 – der Wiederaufbau im Ahrtal?«

Die operative Arbeit beim Wiederaufbau erscheint, gesamtheitlich gesehen, wenig effizient bis kontraproduktiv, im Einzelnen und im gesamten Ergebnis nicht ausreichend effektiv. Wir haben erhebliche Fortschrittsdefizite.

»Was ist Ihrer Meinung nach zurzeit die größte Herausforderung im Wiederaufbau?«

Ganz klar: Es ist die nicht ausreichende Umsetzungsgeschwindigkeit und eine fehlende übergeordnete Führung und Koordination des gesamten Wiederaufbaus. Jeder tut, was er kann, aber es fehlt die Klammer.

»Welche Erfolgsmuster sehen Sie auf kommunaler, regionaler, landes- und bundesweiter Seite?«

Ich sehe dieses Muster bisher nicht, aber es wäre ein Erfolgsmuster, da bin ich mir sicher: Wenn es eine zentrale und gesamtheitliche Führung der vorhandenen Aufbauressourcen, die ja heute schon nicht ausreichen, gäbe, wenn eine Führung, die mit starken Entscheidungskompetenzen und Befugnissen ausgestattet ist, vor Ort tätig wäre und barrierefreie Entscheidungen sowie zeitnahes Handeln ermöglichte, das würde sehr vieles deutlich schneller voranbringen.

»Was würden Sie sich im Bereich Neu- und Wiederaufbau wünschen?«

Ich wünschte mir etwas, das bei den vielen operativen Handlungen schnell in den Hintergrund tritt oder erst gar nicht thematisiert wird. Dies wäre eine organisationspsychologische Betreuung der am Wiederaufbau Beteiligten, und zwar über den gesamten Prozess des Wiederaufbaus.

»Was kann und muss Deutschland aus dem Wiederaufbau im Ahrtal lernen?«

Wir müssen uns vor Augen führen, dass eine vergleichbare Katastrophe mit vergleichbarem Wiederaufbaubedarf jederzeit und überall in ähnlicher Form entstehen kann. In guten Zeiten hat man den Blick dafür ja gar nicht geschärft, aber es müssen besondere Prozesse, Regularien, Formalitäten, Entscheidungskompetenzen und Befugnisse für solche Ausnahmezustände parat und eingeübt sein, damit in einer Krise schnell und wirksam gehandelt werden kann.

Kapitel 5
Was Landräte und Bürgermeister tun können

Die sich stellende Frage, warum Infrastruktur zum Teil sehr stiefmütterlich behandelt wird, ist nicht einfach zu beantworten. Wir haben in diesem Buch bereits einige Hinweise darauf gegeben, wo Ursachen liegen. Was wir aus der Kenntnis kommunaler Strukturen ableiten können, hat keinen repräsentativen, sehr wohl aber einen hinweisgebenden Charakter. Es ist musterhaft festzustellen, dass Kommunen, die sich erfolgreich mit ihrer Infrastruktur und deren Zukunftsfähigkeit beschäftigen, eine sehr langfristige Perspektive haben. Die Bürgermeister und Landräte dieser Kommunen und Kreise denken über die aktuelle und auch über die insgesamt eigene Legislaturperiode hinaus und vermeiden somit die Falle der Kurzfristigkeit, die durch die Urwahl entstanden ist.

Kommunen, die eine nachvollziehbare Infrastrukturstrategie haben, werden von Menschen geführt, die nicht nur bis zum Ende ihrer aktuellen Amtszeit oder über das »Hinüberretten« in eine nächste Amtszeit nachdenken, sie handeln nicht opportunistisch. Diese Kommunen haben den Hebel eben nicht »auf Verschleiß gestellt« – ein Begriff, den Markus Zwick in seiner Funktion als Oberbürgermeister von Pirmasens am 4. August 2022 in der *WELT* benannte.[8] Kommunale Spitzenkräfte, die sich wirklich Gedanken über die Infrastruktur machen, wissen nicht nur, dass es erforderlich ist, sich mit anderen Kommunen zu vernetzen, die Infrastrukturlandschaft und deren Akteure gut zu kennen, nicht alles selber machen zu wollen und Verantwortung tatsächlich zu übertragen und nicht nur darüber zu reden – sie tun es auch. Sie handeln entsprechend. Dabei ist es unerheblich, ob sie einen technischen Hintergrund mitbringen oder nicht. Erfolgreiche Bürgermeister und Landräte verfügen über interne (und externe) Spitzenkräfte, die einen roten Faden entwickeln,

8 Vgl. https://www.welt.de/wirtschaft/plus240207553/Kitas-Schulen-Baeder-Strassen-Kommunen-in-der-Zins-Falle.html; besucht am 16.10.2023.

diesen verfolgen und auch in der Lage sind, auf sachlicher Basis eine überparteiliche Einigung zu befördern, weil Infrastruktur keine Legislaturperiode kennt.

Im weiteren Verlauf werden wir auf wesentliche Wirkfelder für Bürgermeister und Landräte eingehen.

Fünf Fragen an Marco Mohr

- Werksdirektor der Stadtwerke Bingen
- Unterstützende technische Führungskraft von der Blaulichtphase bis heute

»Wo steht Ihrer Auffassung zufolge heute – im Sommer 2023 – der Wiederaufbau im Ahrtal?«

Meiner Beobachtung zufolge bleibt der Wiederaufbau weit hinter den Erwartungen der Menschen vor Ort und der Fachleute zurück.

»Was ist Ihrer Meinung nach zurzeit die größte Herausforderung im Wiederaufbau?«

Die größte Hürde ist derzeit das Festhalten an und das Denken in vorhandenen Strukturen der kommunalen Verwaltung, seien es die Verwaltungsgrenzen, die Vergaberegeln oder das Förderwesen. Dies hindert uns signifikant am Fortschritt des Wiederaufbaus.

»Welche Erfolgsmuster sehen Sie auf kommunaler, regionaler, landes- und bundesweiter Seite?«

Ein besonderes Erfolgsmuster ist das individuelle Engagement und die Resilienz und Ausdauer einzelner Akteure in der Region und darüber hinaus. Ohne diese hohen individuellen Engagements wären wir nicht so weit, wie wir es sind. Die Personen machen den Unterschied.

»Was würden Sie sich im Bereich Neu- und Wiederaufbau wünschen?«

Wenn ich es mir wünschen dürfte, wünschte ich mir deutlich vereinfachte Vergaberegeln und ein einfacheres Förderwesen, mindestens für die Zeit des Wiederaufbaus, der ja mit einem Normalbetrieb recht wenig zu tun hat. Ein Wunsch, den ich hinzufügen möchte, ist eine deutlich stärkere interkommunale Zusammenarbeit.

»Was kann und muss Deutschland aus dem Wiederaufbau im Ahrtal lernen?«

Wir müssen lernen, dass Personen beziehungsweise Mitarbeiter, die in normalen Zeiten den Regelbetrieb gewährleisten, nicht automatisch geeignet sind für den Krisenmodus und Postkrisenmodus. Insbesondere die Führungsfähigkeiten für eine solche Krisenzeit, die anders sind als im Regelbetrieb, müssen entwickelt werden. Die kommunalen Verwaltungen und die kommunalen Betriebe müssen dringend ihre Personalausstattung überdenken. Der Aufbau von personellen Reserven in normalen Zeiten schafft die Möglichkeit, sich mit der Reaktion auf Krisen vorzubereiten und dient darüber hinaus dem reibungsärmeren Ablauf des Regelbetriebes.

Die Verantwortung der kommunalen Spitze

Wie wirkungsvoll die Ausführungen in diesem Buch sind, entscheiden diejenigen, die maßgeblich verantwortlich sind für die (kommunale) Infrastruktur. Die größte Wirkung wird erzielt, wenn Bürgermeister und Landräte davon überzeugt sind, dass es einer neuen Herangehensweise an die Infrastruktur bedarf, damit diese wieder zukunftsfähig wird, denn zukunftsfähig ist der größte Teil der Infrastruktur in den meisten Kommunen nur sehr bedingt. Es kommt also ganz entscheidend darauf an, ob Bürgermeister und Landräte zu diesem Buch sagen: »Interessanter Titel, ich habe aber überhaupt keine Zeit, mich mit diesem Detailthema zu beschäftigen«, oder ob sie der Auffassung sind: »Infrastruktur? Das kenne ich schon. Was zu tun ist, ist eigentlich klar, aber es gibt einfach zu viele Engpässe, die ich nicht beeinflussen kann«, dann folgen Gründe, derenthalben man nicht handeln muss oder nicht handeln kann, wie zum Beispiel mangelnde finanzielle Mittel, Mangel an Mitarbeitern, zu hohe Anzahl an Projekten, das Erfordernis oder die Projekte erst einmal zu ordnen.

Diejenigen Bürgermeister und Landräte aber, die ihrer kommunalen Infrastruktur wirklich einen neuen Schub geben wollen, diejenigen, die über ihre Legislaturperiode hinausdenken, diejenigen, die davon überzeugt sind, dass es richtig ist, jetzt zu beginnen, die Infrastruktur zukunftsfähiger und auch robuster zu machen, sind diejenigen, die Folgendes sagen werden: »Selbstverständlich beschäftigen wir uns in unseren kommunalen Strukturen fortwährend mit Infrastruktur. Selbstverständlich habe ich ein Grundverständnis zu diesem Thema – neben all den anderen Themen, die bei mir auflaufen. Dieses Buch aber, das ich gelesen habe, führt einige sehr interessante Aspekte auf und folgende davon werde ich in den nächsten Gremiensitzungen aufgreifen« … und dann folgt eine Auswahl einiger in diesem Buch herausgearbeiteter möglicher Maßnahmen.

Abbildung 5.1: Zukunftskonferenz Ahrtal, Gemeindehalle Ringen, Grafschaft

Es sind die Letztgenannten, die ihre Kommune oder ihren Kreis erfolgreich in die Zukunft führen werden – nicht nur in Bezug auf *Infrastruktur*, denn diese ist Bedingung für ein lebenswertes Umfeld.

Es geht nicht darum, dass alles, was in diesem Buch beschrieben wird, in jeder Kommune umgesetzt wird. Es geht darum, dass eine Kommune, dass ein Landkreis entscheidet, welche Aspekte in welcher Reihenfolge für die eigene spezifische Situation wichtig sind. Es soll auch nicht der Eindruck entstehen, es würde in den Kommunen und Kreisen nicht gehandelt. Wir werden vom Gegenteil überzeugt, wenn wir auf die vielen Infrastruktur-Baugruben blicken, die uns auf unseren Wegen durch Städte, Gemeinden und Kreise zu Fuß, mit dem Fahrrad oder aus dem Auto ins Auge fallen. An allen Ecken und Enden scheint gebaut zu werden. Dennoch bedarf es einer viel höheren Priorisierung des Themas *Zukunftsfähige Infrastruktur*, es bedarf einer Strategie.

Selbst wenn Amtsleiter, Werksleiter, Fachgebietsleiter, Geschäftsführer von Energieversorgern und weitere Fach- und Führungskräfte im Bereich der Infrastruktur der Auffassung sind, sie müssten etwas verändern, selbst wenn allerorten Infrastrukturbaustellen bestehen, so bedarf es doch der Entscheidung an der kommunalen Spitze, um Prioritäten zu definieren, damit Reihenfolgen festzulegen, die Koordination unterschiedlicher Ver- und Entsorgungsträger zu ermöglichen und letztlich auch die erforderlichen Ressourcen in Form von Zeiteinsatz und Mitteleinsatz zu ordnen. Es bedarf einer Strategie, es bedarf einer Zielplanung, die auch fortgeschrieben wird. Es müssen all die inhaltlichen, rechtlichen und technischen Aspekte, die sich von Jahr zu Jahr neu ergeben oder ändern, eingearbeitet sein. Und man bedenke: Es ändert sich nahezu täglich etwas, Beispiel Verkehrswende, Energiewende, Wärmewende oder das immer zwingender werdende Erfordernis leistungsfähigerer Infrastruktur in Bezug auf die Kommunikationstechnologie.

Selbstverständlich ist dies keine Eröffnung für die genannten Fach- und Führungskräfte in den Behörden, den Infrastrukturorganisationen und -unternehmen, sich zurückzuziehen und abzuwarten; ganz im Gegenteil. Die Entscheidung aber, was in einer kommunalen Struktur Priorität hat, was wann an der Reihe ist und wer wann dessenthalben folgerichtig mit wem reden muss, kann nur an der Spitze der kommunalen Einheit getroffen werden und hier sind nun einmal die Bürgermeister und Landräte gefragt – selbstverständlich unter Einbezug ihrer Stäbe, Fachexperten, Infrastrukturakteure und natürlich auch unter Einbezug der demokratischen Gremien.

Prävention ist im Übrigen ein ausgezeichneter Hebel, der auch dabei helfen kann, im Krisenfall besser gerüstet zu sein, auch um den Zeitpunkt verschieben zu können, ab der eine Katastrophe ausgerufen werden muss. Je mehr präventive Maßnahmen ergriffen werden, desto mehr ist Selbsthilfe im Fall einer Krise möglich und desto später muss die Katastrophe ausgerufen werden. Dazu gehört es auch, Krisenstabstrukturen bereits dann vorzuhalten, wenn noch gar keine Krise herrscht. Einige Kommunen haben dies sehr wirksam vorgemacht, als 2015 die erste Flüchtlingskrise entstanden ist.

Dort waren Krisenstabstrukturen bereits antizipierend eingerichtet worden, es war darin eine gemeinsame Arbeitsweise verabredet worden, Rollen waren im Vorfeld besprochen worden und man musste sich nicht erst beim Eintritt der Flüchtlingskrise sammeln, finden und zusammenraufen. Kommunen, die derart antizipierend arbeiten, sind stets im Vorteil. Dies gilt auch und insbesondere für die Krisenvorbereitung in Bezug auf ihre kommunale Infrastruktur.

Es kommt also ganz entscheidend darauf an, welche Einstellung die kommunale Spitze zum Thema *Infrastruktur* hat, ob die in diesem Buch dargestellten Veränderungen in der kommunalen Infrastruktur angegangen werden oder nicht. Der Elefant steht im Raum: Dass im Hinblick auf die Zukunftsfähigkeit der Infrastruktur etwas getan werden muss, liegt auf der Hand.

Eine Anmerkung sei noch erlaubt: Auch wenn dieses Buch immer wieder die Flutkatastrophe im Ahrtal zitiert, sollte deutlich geworden sein, dass sich Infrastrukturpflichten, auch als Vorsorge für den Krisen- oder gar Katastrophenfall, mitnichten auf den ländlichen Raum beschränken. Auch Oberbürgermeister von Großstädten sind in der Pflicht, Flagge zu zeigen. Man stelle sich vor, Talsperren oder Flüsse, die der Trinkwasserversorgung der Großstadt dienen – und die gar nicht in der Großstadt liegen –, sind durch Verunreinigung oder Beschädigungen nicht mehr leistungsfähig, dann steht auch die zuvor verlässlich versorgte Großstadt ohne Wasser da. Über schadhafte oder beschädigte Abwasserleitungen haben wir dabei ebenso noch nicht gesprochen wie über Stromausfall.

Die Annahme, dass bei Eintritt einer Katastrophe automatisch der Bund eintritt, ist übrigens ebenso mutig wie wackelig. Darauf würden wir uns nicht verlassen.

Also, sehr geehrte Landräte und Landrätinnen, (Ober-)Bürgermeister und (Ober-)Bürgermeisterinnen: Was können Sie tun? Wie können Sie mit Ihren beschränkten Zeitbudgets für dieses eine Thema – *Infrastruktur* – möglichst stark wirken, sowohl für die Infrastruktur-Routine normaler Tage als auch für den Fall einer infrastrukturellen Krise oder Katastrophe?

Klug kommunal vernetzen

Selbstverständlich erfolgen häufig Austausche zwischen Kommunen über Formen der Zusammenarbeit. Selten aber wird über gemeinsame Infrastruktur beziehungsweise – mitunter muss es sich ja gar nicht um gemeinsame Infrastrukturprojekte handeln – über das Kennenlernen der Infrastruktur der Nachbargemeinde gesprochen. Müssen und dürfen (Ober-)Bürgermeister und Landräte auch nicht in jedem (Infrastruktur-) Detail bewandert sein, so ist es doch wegweisend, wenn durch die kommunale Spitze ausgesprochen wird, dass es wichtig ist, eine oder mehrere seiner Nachbarkommunen zum Beispiel insbesondere in Bezug auf die Infrastrukturelemente Wasser und Strom besser zu kennen. Kennt eine Kommune die Nachbarkommunen, werden auch Abhängigkeiten und Reserven deutlich. Bereits durch die Kenntnis hilft man auch der eigenen Kommune.

Zur Vernetzung gehört es auch, dass lokale Infrastrukturexpertise aufgebaut und den Nachbargemeinden die Verfügbarkeit dieser Expertise kommuniziert wird. So können interkommunale Nutzungen erfolgen und es muss nicht an jeder Stelle das Rad erneut erfunden werden. Wir haben darüber ausführlich in den Abschnitten zu den lokalen Experten geschrieben.

Der Rahmen für eine solche, die Grenzen der eigenen Gemeinde überschreitende Zusammenarbeit im Hinblick auf Infrastruktur kann nur durch die Spitze der kommunalen Führung geschaffen werden, denn anderenfalls entfaltet eine solche bekundete Zusammenarbeit bestenfalls nicht die mögliche Wirkung, im schlimmsten Fall gar keine. Das kommunalpolitische Dilemma ist, dass jede Stadt, jede Verbandsgemeinde, jede Gemeinde versucht, den Wettbewerb der Kommunen in Bezug auf die unterschiedlichsten Kriterien für sich zu gewinnen. Man will die attraktivsten Unternehmen, man will herausragend in Bezug auf Elektromobilität sein, man will besonders innovativ in Bezug auf Digitalisierung erscheinen, man will für den Tourismus interessant sein und selbstverständlich sollen möglichst viele – idealerweise zahlungskräftige – Menschen in die Stadt kommen und natürlich auch dort wohnen. Innovation, Gesundheitswesen, Wohnungsbau, Umgang mit Senioren, überall will man sich von den mittelbaren und unmittelbaren Nachbarn abgrenzen. Man will, man will, man will …

Will man aber seine Infrastruktur tatsächlich auf ein zukunftsfähiges Fundament stellen, ist Kooperation und Vernetzung nahezu unumgänglich. Es genügt nicht, dass unterschiedliche Interessen betont werden, es genügt auch nicht, dass man auf Zuständigkeiten beharrt. Das Dilemma, das dann entsteht, wenn keine aktive Vernetzung gefördert wird, ist, dass jeder auf den anderen wartet. Wer ist eigentlich zuständig? Der Bund? Das Land? Der Kreis? Die Stadt? Die Gemeinde? Warten wir es einmal ab. Ein falscher Weg.

Einerseits geht es um die Zukunftsfähigkeit der Infrastruktur, andererseits geht es auch konkret darum, was geschehen kann, wenn eine Krise oder gar eine Katastrophe eingetreten ist. Plötzlich wird in einem solchen Fall die Zusammenarbeit natürlich doch möglich. Plötzlich sind die Dinge, die man sich vor der Katastrophe als besonders wichtig in das Arbeitsbuch geschrieben hat, weniger wichtig. Plötzlich weiß man, dass man von anderen abhängig sein kann und da ist es doch gut, wenn bereits im Vorfeld einer Krise oder einer Katastrophe, die hoffentlich nie eintritt, dafür Sorge getragen wird, dass der Katastrophenfall weniger starke Auswirkungen hat, als er gehabt hätte, hätte man nicht kooperiert, hätte man sich nicht miteinander vernetzt.

Werfen wir einmal einen Blick auf einen solchen Katastrophenfall, so müssen wir auch ernsthaft darüber sprechen, dass es eine Möglichkeit geben sollte, um spätestens, wenn erkannt wird, dass die Akteure in der betroffenen kommunalen Struktur ganz oder teilweise überfordert sind, ihnen die Verantwortung für die eigene Infrastruktur entziehen zu können. Je nach Größe der kommunalen Struktur ist die Wahrscheinlichkeit, dass einzelne Akteure, die eigentlich sachlich und fachlich hervorragend wirken könnten, selbst von einer Katastrophe betroffen sind, hoch. Die Wahrscheinlichkeit, dass eine von einer Katastrophe betroffene kommunale Struktur nicht handlungsfähig ist, ist als äußerst hoch einzustufen. Wenn in einem solchen Fall benachbarte kommunale Einheiten hinreichende Kenntnis über die Infrastruktur der betroffenen Gemeinde haben, ist dies ein riesiger Vorteil. Die angebotene Hilfe ist dann nicht nur protokollarischer Natur, sondern sie kann auch mithilfe von fachlicher Kenntnis und durch sofortigen Einsatz substantiiert werden. In der Katastrophe geht es nicht um Verwaltungsvorgänge, sondern es geht um Menschenleben.

Abbildung 5.2: Landgrafenbrücke, Stadtteil Bad Neuenahr

Wir möchten an dieser Stelle aber noch weitergehen und den Gedanken anregen, dass – wie bereits vorstehend angedeutet – es auch einen Mechanismus geben muss, welcher der betroffenen Gemeinde die Verantwortung über die eigene Infrastruktur und deren Betrieb für einen überschaubaren Zeitraum entziehen kann. Der Grund dafür ist naheliegend: Betroffene können häufig keine rationalen Entscheidungen treffen. Wir sind uns darüber im Klaren, dass wir an dieser Stelle einen schmalen Grat gehen, spätestens aus der Flutkatastrophe im Ahrtal aber lassen sich solche Überlegungen sehr wohl vernünftig ableiten und müssen diskutiert werden. Wir werden hier selbstverständlich weder die Selbstständigkeit der Kommunen noch demokratische Prozesse grundsätzlich infrage stellen, aber ein Unfallopfer kann und soll sich nicht selbst operieren; auch dann nicht, wenn es sich bei dem Opfer um einen Chirurgen handelt.

Im Ahrtal wird zum Zeitpunkt des Verfassens des Buchmanuskripts der Weg der »Hochwasserpartnerschaften« gegangen.[9] Der Weg dorthin war lang, aber inzwischen sind der Kreis und die vier Kommunen des Kreises in dieser Hochwasserpartnerschaft gemeinsam aktiv. Es sollte auch ein Zukunftsverein *Zukunft Ahrtal* gegründet werden, dies ist zum Zeitpunkt der Erstellung des Manuskripts dieses Buches allerdings bisher nicht erfolgt. Die üblichen unterschiedlichen Interessenlagen erschweren die Gründung eines solchen Vereins immens. Beabsichtigt man sich gegenseitig abzusichern, ist auch die jeweils übergeordnete politische Ebene einzubinden. Denn warum sollte eine Kommune unter anderem die Dimensionen zur Trinkwasserversorgung größer wählen, als es erforderlich wäre, um sich selbst zu versorgen und dadurch höhere selbst zu tragende Kosten produzieren wollen? Auch diese Themen werden, während wir dies schreiben, aktuell vertieft.

Nehmen wir also mit: Die beste Prävention für die Ausfallüberbrückung von Infrastruktur ist die Förderung der Kenntnis über die Infrastruktur der Nachbarn. Soll dies nicht nur theoretisch, sondern auch praktisch ein wichtiger Punkt sein, muss dieser Punkt durch die Spitze der Kommune gefördert werden und dazu gehören eine Verständigung, ein Plan und ausdrücklich auch das Einräumen von Zeit.

9 Mehr Informationen rund um die Projekte der Hochwasserpartnerschaften finden Sie unter: https://kreis-ahrweiler.de/land_natur_umwelt/hochwasservorsorge/hochwasserpartnerschaft-ahr/

Zeitgemäß führen

Apropos »Zeit«: Das Einräumen von Zeit für bestimmte Themen ist ein unbestechliches Indiz dafür, welche Themen tatsächlich wichtig sind. An der Forderung und Folgerung »Zeige mir deinen Kalender und ich sage dir, welche deine Prioritäten sind« ist nicht zu rütteln. Wenn wir verlässlich davon ausgehen können, dass grundlegende Veränderungen immer an der Spitze einer Organisation Unterstützung finden müssen, können wir folgern, dass das, was Bürgermeister oder Landräte nicht mit Zeit und damit mit Priorität hinterlegen, weniger wichtig ist. Menschen glauben nicht, was sie hören oder lesen, sie glauben vor allem, was sie erleben, was vorgelebt wird.

Mitarbeitern Absichten zu vermitteln, die nicht mit eingeräumten Ressourcen, insbesondere mit Zeit, einhergehen, werden als Täuschung entlarvt. Jede Absichtserklärung wird unmittelbar abgeprüft durch die Realität: Wird die Absichtserklärung durch Taten unterfüttert oder bleibt es (doch wieder) bei einem Lippenbekenntnis? Wird eine Strategie eingefordert, bekommt diese nur Gewicht, wenn die kommunale Spitze sich selbst einbringt und auch Zeit dafür einsetzt. Wir alle wissen, was die Verwaltung und die Politik, natürlich hinter vorgehaltener Hand, über kommunale Spitzen sagen, die vieles fordern, aber sich doch lieber im Repräsentieren auf mehr oder weniger wichtigen Veranstaltungen üben. Bürgermeister und Landräte sind Spitzenführungskräfte. Hier gibt es keine Entschuldigungsinstanz mehr. Selbstverständlich können, sollen und müssen sie ihre Organisation so aufstellen, dass sie die Strategie mitentwickeln und -realisieren kann. Ja, das gilt auch für sehr grundsätzliche Organisationsveränderungen.

Die über die letzten Jahrzehnte in der Privatwirtschaft eingetretenen Entwicklungen in Bezug auf **Führung** haben zu einer ganz neuen Leistungsfähigkeit der Unternehmen geführt. »Führung« bedeutete früher vielfach eine Kombination aus Anweisung und Ausführung, die durch ein stark patriarchalisches System gestützt war. Nicht nur, aber insbesondere Familienunternehmen waren in der weitaus überwiegenden Zahl der Fälle durch einen Patriarchen, das Familienoberhaupt, geführt, der gewohnt war, nahezu alle Details des Unternehmens zu kennen und entsprechend Anweisungen zu geben, die von den Mitarbeitern ausgeführt wurden. Das Prinzip, dass der Unternehmenslenker etwas anweist und die Mitarbeiter es auszuführen haben, wurde (und wird) von vielen Mitarbeitern kritisiert, aber seien wir einmal ehrlich: Es macht die Situation für die Mitarbeiter ja auch einfach, denn sie können, wenn sie es wollen, die Anweisung einfach ausführen und es liegt nicht an ihnen, wenn ein Fehler entstanden ist, sofern sie die Ausführung korrekt vorgenommen haben. »Die Fenster sind gestrichen, Chef. Was sollen wir mit den Rahmen machen?« Verantwortung? Liegt beim Chef.

Hier hat sich ein elementarer Wandel vollzogen, zunächst Schritt für Schritt, in den vergangenen Jahren aber sehr viel schneller, auch durch das Eintreten von Nachfolgegenerationen in die Unternehmen. Heute ist klar, dass sich »Führung« angesichts der enorm gestiegenen Komplexität ganz anders darstellen muss. Verbunden ist dies mit dem Willen, das Potenzial von Mitarbeitern tatsächlich nutzen zu können. Wirksame, wachstumsstarke Unternehmenslenker fokussieren sich heute darauf, einen Rahmen zu geben, innerhalb dessen Entscheidungen selbstständig getroffen werden können. Auf diese Weise werden Führungskräfte tatsächlich zu Führungskräften und nicht nur zu Ausführungskräften. Bedingung dafür ist natürlich, dass diejenigen, die Entscheidungen treffen sollen, den Rahmen genau kennen und – besonders wichtig –, dass sie auch fachlich in der Lage sind, diese Entscheidungen zu treffen. Was hilft es, wenn jemand fröhlich Entscheidungen trifft, diese aber nicht mit Fachinhalt hinterlegt sind?

Im Übrigen beobachten wir, dass der Bogen mitunter in die im Vergleich zu früher entgegengesetzte Richtung überspannt wird, dass nämlich in manchen Strukturen zu viele Konsensrunden gedreht und zu wenige Entscheidungen getroffen werden. Hier bedarf es des Nachschärfens. Die (Unternehmens-)Spitze darf sich nicht völlig aus der Entscheidungsverantwortung herausziehen.

In kommunalen Strukturen sind die Bewegungen in Richtung moderner Führung unserer Beobachtung zufolge noch zurückhaltend und sind wesentlich gekennzeichnet – wie im Unternehmen – von der

Führungsspitze. Geht es der Führungsspitze um Inhalte oder eher um Formelles? Ist die Führungsspitze bereit, Risiken einzugehen, oder hat sie Sorge, dass die politischen Gremien oder gar die Wähler sie abstrafen? Welchen Rahmen traut sich die Führungsspitze – Achtung: Bürgermeister und Landräte sind gemeint! – zu? Welchen Einfluss kann sie auf die Verwaltung nehmen, sodass die aus der politischen Spitze stammenden Führungsprinzipien dort auch übernommen werden? Dies sind ganz wesentliche Fragen, wenn es darum geht, wie Führung tatsächlich in der Kommune stattfinden soll.

Führung in der Kommune? Nein, natürlich verallgemeinern wir nicht. Ja, zahlreiche Kommunen werden schon gut geführt. Aber: In einer größeren Zahl von Kommunen geht es erst einmal darum, Führung zu lernen – zu lernen, aus dem Anweisungs- und Absicherungsmodus herauszukommen, und zwar auf beiden Seiten. Es geht darum, den Weg zur Lösung von Problemen und Sachverhalten mittels der besten Argumente zu kommen. Es geht darum, Vertrauen aufzubauen, statt Misstrauen zu erzeugen. Wir machen sehr gerne und aus Erfahrung die Konzession, dass dies leichter gesagt ist als getan, denkt man über das politische Haifischbecken nach, innerhalb dessen sich Mandatsträger und auch die Verwaltung permanent befinden. Dennoch: Es geht darum, ein Umfeld des Ausprobierens zu schaffen. Es geht darum, die Verantwortlichen in der Verwaltung zu echten Entscheidern zu machen. Es geht auch nicht um Konsens. Konsens wird überbetont. Es geht darum, die Argumente zu sammeln, zu bewerten, zu entscheiden und zu machen.

Liebe Bürgermeister und Bürgermeisterinnen, liebe Landräte und Landrätinnen: Sie können davon ausgehen, dass Sie viele Mitarbeiterinnen und Mitarbeiter in Ihren Verwaltungen haben, die zu einem großen Teil unter ihren Möglichkeiten arbeiten, weil diese Möglichkeiten nicht abgefordert werden, weil dieses Abfordern wiederum eine vermeintliche Unsicherheit erzeugen würde im Gegensatz zur vermeintlichen Sicherheit des Anordnens und Ausführens.

Es bedarf einer ganz neuen Dimension in Bezug auf Geschwindigkeit und damit ist das System »anweisen und ausführen« am Ende. Bürgermeister und Landräte müssen ihre Stäbe und auch die Verwaltungsspitze ermutigen, schneller zu werden in der Erkenntnis, in der Realisierungsplanung und in der Realisierung. Es geht darum, etwas auszuprobieren, schnell Erkenntnisse zu sammeln, diese zur Verbesserung der Situation einzusetzen, Fehler auszumerzen und auf höherem Niveau wieder aufzusetzen. Dies hat wesentlich mit Verantwortungsübernahme zu tun und gerade im Krisen- und Katastrophenfall ist es wichtig, dass vorher und nicht erst dann gelernt wurde, Verantwortung zu übernehmen.

Wirksam kommunizieren

Etwas, das Bürgermeister und Landräte mit vergleichsweise geringem Aufwand tun können und unserer Auffassung zufolge unbedingt tun sollten, ist, die wesentlichen Zahlen zur kommunalen Infrastruktur abrufbar im Kopf zu haben. Wie viele Kilometer Straße hat ihre Kommune? Wie viele Kilometer Wasser-, Abwasser-, Strom- oder auch Gasleitungen verlaufen unterirdisch? Wie viele Straßen und Wege und wie viele Straßenkilometer hat die Stadt? Wie viele Millionen oder Milliarden Euro Anlagevermögen hat die Stadt? Wie ist der Erneuerungszustand der einzelnen Infrastrukturelemente durchschnittlich? Dies sind Zahlen auf Top-Niveau, die immer wieder eingesetzt werden können, wenn das Thema *Infrastruktur* in Veranstaltungen, in Bürgeranhörungen, in Interviews, in den Medien auftritt. Bürgermeister und Landräte sind es gewohnt, zu kommunizieren. Sie sind es gewohnt, Fakten im Kopf zu haben. Ergänzen Sie Ihr Faktenwissen um Faktenwissen aus der Infrastrukturlandschaft Ihrer Kommune oder Ihres Kreises.

Eine wesentliche Aufgabe von Bürgermeistern und Landräten in Bezug auf kommunale Infrastruktur besteht darin, Scheinsicherheit aufzudecken und in tatsächliche Sicherheit umzuwandeln. Sie sind sicher, dass es keine Scheinsicherheit in Ihrer kommunalen Infrastruktur gibt? Sie sind sicher, dass alle über dasselbe reden, wenn das Thema *Infrastruktur* auf der Agenda steht? Machen Sie einen Test und lassen Sie sich einmal die groben Leitlinien und Rahmenplanungen Ihrer kommunalen Infrastruktur erklären. Stellen Sie auch die Frage: »Wie sieht unsere Infrastruktur in 10, 20 und 30 Jahren aus?« Lassen Sie sich die Entwicklung des infrastrukturellen Anlagevermögens darlegen. Wird das Vermögen über Jahre hinweg geringer? Dann ist dies ein Signal, genauer hinzusehen.

Laden Sie die Fachverantwortlichen ein und bitten Sie sie, die Leitlinien und Rahmenplanungen zu erläutern. Bitten Sie Ihre Verantwortlichen, die Infrastrukturstrategie inklusive des Finanzierungsgerüsts vorzustellen. Die Fachverantwortlichen müssen diese Dinge sprachlich so kommunizieren können, dass es »bürgermeistertauglich« beziehungsweise »landrattauglich«, im Kern also »managementtauglich«, ist und von Ihnen ohne tiefe Detailkenntnis verstanden werden kann.

In diesem Zusammenhang prüfen Sie auch, ob die Mitarbeiter Zusammenhänge oder jedes Infrastrukturelement (beispielsweise Strom, Wasser, Gas, Straßen und Brücken) einzeln darstellen. Letzteres führt bestenfalls zu suboptimalen, nicht selten zu kontraproduktiven Aktivitäten.

Wenn die Mitarbeiter sich zu sehr in Details verlieren, wenn Sie als Bürgermeister oder Landrat angesichts verwirrender, widersprüchlicher oder unzusammenhängender Darstellungen nicht unmittelbar verstehen, worum es geht und warum manche Aspekte wichtiger sind als andere, wenn Sie ein ungutes Gefühl haben, ob die vorgestellten Inhalte ihre Kommune tatsächlich nach vorn bringen werden, wenn Sie den Eindruck gewinnen, dass sich das Vorgestellte auf dünnem Eis bewegt, dann wird ihre infrastrukturelle Sicherheit und Zukunft auf Treibsand gegründet; das ist brandgefährlich für die Zukunft Ihres Wirkungsbereichs. Ihre Aufmerksamkeit sollte auch ungeheuer geschärft sein, wenn die Mitarbeiter immer wieder versichern, dass sie »alles richtig« gemacht hätten. Hören Sie dann unbedingt genauer hin.

Oft wird auch unbewusst Verwirrung erzeugt, weil die Verantwortlichen nicht müde werden, zu erläutern, was alles getan wird, statt sich darauf zu konzentrieren, warum Maßnahmen wichtig sind und welche Ergebnisse damit erzielt werden. Die Fachverantwortlichen anzuleiten, weg von einem Denken und Sprechen, das sich auf all die Aktivitäten, die unternommen werden müssen, hin zu einem Denken und Sprechen, das die Resultate betont, ist eine wesentliche kommunikative

Veränderung. Bedenken Sie: Wer Dinge nicht präzise und verständlich formulieren kann und überdies möglicherweise fortwährend suggeriert, dass alles kompliziert sei, schwierig und eigentlich nicht möglich, schafft Verunsicherung statt Sicherheit, hängt andere ab und springt dabei wesentlich zu kurz. Sie, liebe Bürgermeister und Bürgermeisterinnen, liebe Landräte und Landrätinnen, sind der Maßstab dafür, ob Infrastruktur in Ihrer Kommune, in Ihrem Landkreis verstanden werden kann. Wenn Sie die Ausführungen und Unternehmungen zur Infrastruktur nicht verstehen, dann versteht sie der Bürger auch nicht, denn er beschäftigt sich mit Infrastruktur dann, wenn sich etwas maßgeblich verändern soll oder wenn die Infrastruktur nicht funktioniert – spätestens dann ist präzises und vor allem verständliches Kommunizieren gefragt.

Fordern Sie von Ihren Verantwortlichen in der kommunalen Struktur, dass diese die Messgrößen für den Erfolg in Bezug auf die kommunale Infrastruktur in einem Satz erklären können. Auch dies dient nicht nur dem besseren Verständnis innerhalb der Verwaltung, sondern auch einer besseren Kommunikationsbasis von Infrastrukturmaßnahmen in der Bevölkerung.

Klar zu kommunizieren wird auch dadurch unterstützt, für jeden Sektor der Infrastruktur Regeln aufzustellen, nach denen gearbeitet wird, sofern dies sinnvoll und möglich ist. »Bei uns haben Brücken immer eine Mindestbreite von X Metern, um ein Ereignis wie das Jahrhunderthochwasser abzufangen«, ist so ein Beispiel. Ein anderes wäre: »Wir bauen stets einen Meter über Pegel Andernach HQ100, denn damit haben wir einen ausreichenden Hochwasserschutz.« Werden für die Infrastrukturelemente grobe Regeln aufgestellt, wird also abgegangen von der verwirrenden Einzelfallregelung. Erhält die kommunale Infrastruktur eine ganz neue Ordnung, können Zusammenhänge schneller verstanden und klarer vermittelt werden.

Bürgermeister oder Landräte haben immer auch mit übergeordneten Behörden zu tun. Sie tun der Klarheit Ihrer Infrastruktur einen Gefallen, wenn Sie einfordern, dass die raumordnungspolitischen Vorgaben für eine Region durch diese Behörden verständlich erklärt und begründet werden. Ja, Sie lesen richtig: Fordern Sie dies ein. Warum?

Weil die Prioritäten und Vorgaben ganz wesentliche Auswirkungen auf Ihre kommunale Infrastruktur haben können. Zum Zeitpunkt des Verfassens dieses Buches gilt beispielsweise noch die Landschaftsschutzverordnung Rhein-Ahr-Eifel von 1980, welche die Regel beinhaltet, dass der Landschaftsschutz höher bewertet wird als die Energieproduktion. Als Folge daraus wird beispielsweise der Genehmigung und dem Bau von Windrädern automatisch eine geringere Priorität beigemessen.[10] Derartige raumordnungspolitische Vorgaben können sich ändern und diese Änderungen sollten auch umfänglich bekannt gemacht werden. Klare Kommunikation Ihrer Erwartungen bedeutet, auch die übergeordnete Behörde in gewisser Weise zu führen, damit der Rahmen und der Raum für die eigenen infrastrukturpolitischen Entscheidungen geklärt sind.

Zur verständlichen Kommunikation gehört auch die Kommunikation der Abteilungen in die Bevölkerung. Stellen Sie sicher, dass die Abteilungen dem Bürger gegenüber verständlich kommunizieren. Dies ist im Routinebetrieb bereits hilfreich, in einer Krisen- oder gar Katastrophensituation ist es unabdingbar. Sorgen Sie dafür, dass die Fähigkeit aufgebaut wird, visuell zu kommunizieren. Überörtliche Starkregenkarten der von Starkregen potenziell betroffenen Gebiete gehören dazu, Infrastrukturkarten grundsätzlich ebenfalls.

Nicht zu unterschätzen ist die Langzeitwirkung, wenn auch die sogenannten sozialen Medien in die Kommunikation über Infrastruktur einbezogen werden. Viele Kommunen sind inzwischen recht rege in der Vermittlung von Informationen darüber, was in der Kommune wo geschieht. Lassen Sie über Infrastrukturmaßnahmen berichten, ermöglichen Sie Betriebshöfen über ihre Aktivitäten im Wald, auf Spielplätzen oder an anderen Orten zu informieren, lassen Sie Zahlen, Daten, Fakten zur Infrastruktur posten, schaffen Sie also auch virtuell, im Netz, die Möglichkeit, dass über Infrastruktur gesprochen wird und sich die

10 Vgl. Bezirksregierung Koblenz (1980). Verordnung über das Landschaftsschutzgebiet »Rhein-Ahr-Eifel« vom 23. Mai 1980; https://naturschutz.rlp.de/Dokumente/rvo/einzelrvo/RVO-7100-19800523T120000.pdf, besucht am 28.10.2023.

Bürger über Infrastruktur informieren können. Kommen Sie aus der Geheimnisecke heraus.

Sorgen Sie dafür, dass Einheiten und Teams aus Ihrer Infrastrukturmannschaft Eigentümer von Immobilien und Liegenschaften am konkreten Objekt beraten, wenn sich diese Immobilien in Risikogebieten gleich welcher Art befinden. Sorgen Sie dafür, dass Ihre Infrastrukturexperten mit den Eigentümern zusammen Präventionsmaßnahmen verabreden und umsetzen, sodass im Fall einer Krise oder gar einer Katastrophe die Auswirkungen geringer sind als ohne die Maßnahmen. Unterstützen Sie die Eigentümer auch dabei, andere Eigentümer zu informieren und für gewisse Maßnahmen zu gewinnen. Dazu muss die Verwaltung aber tatsächlich verständlich kommunizieren und den festen Willen haben, den Eigentümern zu helfen und nicht nur als Ordnungsautorität aufzutreten. Setzen Sie dabei konsequent auf Informationstechnologie, auf digitale Modelle, auf Bilder. Ein Bild beziehungsweise ein Modell sagt mehr als tausend Worte.

Vertrauen stärken

Da es so eminent wichtig ist, müssen wir auf das Thema *Vertrauen* und damit verbunden auf die **Vertrauenskultur** eingehen. Die Bürgermeister und Landräte sind es, die das Thema *Vertrauenskultur* wesentlich voranbringen, stehen sie schließlich an der Spitze aller kommunalen Entscheidungen. Prüfen Sie einmal für sich, wie stark die Vertrauenskultur im Bereich Ihrer Infrastrukturakteure ausgebildet ist. Wie viele Störungen gibt es bei Ihren Infrastruktur-Bauprojekten und wie wird mit diesen Störungen umgegangen? Wie häufig ändern sich die Akteure, die an kommunalen Infrastrukturprojekten beteiligt sind – sowohl auf der privatwirtschaftlichen Seite als auch auf der Verwaltungsseite?

Schauen wir einmal auf das Ehrenamt: Wie stark ist die ehrenamtliche Unterstützung in Ihrem Wirkungsbereich? Die Bedeutung des Ehrenamtes für zahlreiche Felder des gesellschaftlichen Zusammenlebens ist unbestritten, die Bedeutung des Ehrenamtes für den Katastrophenschutz ist ebenso unangefochten; so werden ehrenamtliche Strukturen immer wieder – und das richtigerweise – positiv hervorgehoben, gelobt und gefeiert. Das Ehrenamt genießt ein hohes Vertrauen und das ehrenamtliche Engagement muss gewürdigt sowie sichtbar gemacht werden, weil jeder Mensch, der sich ehrenamtlich engagiert, seine Zeit ja auch anderweitig verbringen könnte. Ehrenamt ist freiwillig und freiwilliges Engagement für das Gemeinwohl kann gar nicht hoch genug bewertet werden, auch für das Engagement in Bezug auf den Erhalt oder die Wiederherstellung von (kommunaler) Infrastruktur.

Genauso gibt es aber auch den regionalen Markt an professionellen Infrastrukturakteuren, denen ebenfalls eine gewisse Zuwendung im Sinne von Zeit, Aufmerksamkeit und Wertschätzung zukommen muss, wenn sie für die Zusammenarbeit in kommunalen Infrastrukturprojekten noch interessiert bleiben sollen. Wir sehen förmlich, dass jetzt einige Köpfe geschüttelt werden und sich Fragezeichen einstellen: »Die Privatwirtschaft? Hallo? Die Unternehmen bekommen gutes Geld für ihre Leistungen und damit ist es doch wohl genug.« Nein, das ist es nicht. Es ist eine Fehlannahme, dass privatwirtschaftliche Unternehmen das, was sie tun, ausschließlich wegen des Geldes tun.

Gute Unternehmen können sich ihre Aufträge aussuchen und Sie wollen die Guten, nicht wahr? Wertschätzung und Vertrauen spielen eine ganz wesentliche Rolle bei der Wahl der Auftraggeber. Wird eine Kommune als Auftraggeber hinsichtlich der Behandlung der Auftragnehmer erst einmal musterhaft schlecht besprochen, erhöht sich die Schwierigkeit für die Kommune, geeignete gute Auftragnehmer zu bekommen. Vertrauen ist eine Funktion der Zeit. Es bedarf eines Vertrauensvorschusses, der idealerweise nicht enttäuscht wird, sondern die Basis bildet, um das langsam durch gegenseitige Bestätigung entstehende Vertrauen aufzubauen. Je größer das über viele Projekte aufgebaute Vertrauenspolster, desto eher kann auch ein Rückschlag in einem Projekt verkraftet werden, ohne dass Argwohn entsteht.

Auch die privatwirtschaftlichen Akteure in der Infrastrukturfamilie möchten wertgeschätzt werden. Ergreifen Sie Maßnahmen, die trotz der erforderlichen Objektivität, die im öffentlichen Raum in Bezug auf die Ausschreibung und Vergabe von Leistungen geboten ist, möglich sind:

Fördern Sie eine kommunale Infrastrukturkultur zum Beispiel durch regelmäßig stattfindende Infrastrukturtage, innerhalb derer sie alle wesentlichen Akteure, seien sie kommunaler oder privatwirtschaftlicher Natur, Profis und Ehrenamtler zusammenführen, wichtige Themen besprechen und ihnen zuhören.

Natürlich ist Neutralität geboten. Durch eine allgemeine Einladung vergeben Sie keine Prioritäten und wahren die Objektivität, zeigen aber das Interesse der Kommune an dem Thema *Zukunftsfähige Infrastruktur* und wertschätzen die Eingeladenen. Idealerweise wird das an einem solchen Tag Erarbeitete dokumentiert und allen Teilnehmern zur Verfügung gestellt. Eine einfache Maßnahme mit enormer Wirkung, die im Übrigen auch in der Presse und in den sozialen Medien exzellent ankommt. Bedenken Sie: Sie sind auf die mittelständischen Bauunternehmen, Ingenieurbüros und Handwerksbetriebe angewiesen, wenn es darum geht, Rohrbrüche nachts zu reparieren – es muss ja nicht immer eine große Krise oder gar eine Katastrophe sein. Die lokalen Akteure sind in der Regel die beste Versicherung der Kommunen.

Zum Thema *Vertrauen* gehört auch, dass Sie dafür Sorge tragen, eine Datenbank aufzubauen, in der jene Infrastrukturakteure, jene lokalen Experten geführt werden, die eine besondere Expertise haben, auf die man sich besonders verlassen kann.

Mitarbeiter gewinnen und halten

Der Fach- und Führungskräftemangel wird überall beklagt, so auch in kommunalen Strukturen. Zu beobachten ist, dass die Personalentwicklung im kommunalen Bereich ständig große Potenziale aufweist, zurückhaltend formuliert. Gab es früher in vielen Kreisen und Kommunen noch Büroleiter des Landrats oder des Bürgermeisters, die mit hoher Intensität eine langfristige Personalentwicklung verfolgt haben, ist dies immer weniger zu beobachten, unter anderem weil die Arbeitslast stetig zunimmt. Statt Personalentwicklung zu betreiben, wird angenommen, dass Arbeitsplatz- und Stellenbeschreibungen vorliegen und bei

Neubesetzung einer Position einfach nur Personen eingestellt werden müssen, die die Funktionen erfüllen.

Dies ist ein gefährlicher Irrtum, wenn es um kommunale Infrastruktur geht, denn bis neue Mitarbeiter die Topografie, die regionalen Besonderheiten und Zusammenhänge kennen, vergehen nicht selten einige Jahre. Dadurch, dass die Fluktuation in den technischen Abteilungen der Kommunen wesentlich höher ist als in der Vergangenheit – dies wird sich auch nicht mehr ändern –, dadurch, dass Bürgermeister und Landräte auch eher kürzer im Amt verweilen – sei es durch die alle vier oder fünf Jahre stattfindenden Wahlen, durch die Entscheidung für eine andere politische oder wirtschaftliche Karriere oder einfach, weil der Job zu anstrengend ist –, gerät langfristiges Handeln unter Druck.

Personalentwicklung beginnt aber gar nicht bei den Profis, sprich bei den erfahrenen Fachkräften, sondern bei den Auszubildenden. Bürgermeister und Landräte können eine stärkere Bindung unter anderem dadurch erzeugen, dass Auszubildende nicht nur in den direkten kommunalen Strukturen lernen, was ihre künftige Aufgabe sein soll, sondern dass sie auch in kommunalen Betrieben Fachliches aneignen. Auch dies ist gezielte Personalentwicklung.

Zurück zu den Fach- und Führungskräften: Wir gehen so weit, dass wir Bürgermeistern und Landräten empfehlen, neuen Mitarbeitern, gänzlich unabhängig von ihrer bereits erworbenen fachlichen und persönlichen Expertise, Einblicke in verschiedene Abteilungen der Kommune und der kommunalen Betriebe, die für ihr Fachgebiet relevant sein werden, zu geben. In der Privatwirtschaft kennen wir das Traineeprogramm für jüngere Mitarbeiter, aber auch erfahrene Mitarbeiter haben Spezifika und Zusammenhänge zu lernen. Jawohl, dies kostet Zeit. Jawohl, dies kostet auch Geld, da Mitarbeiter nicht von Tag eins an produktiv sein werden. Sicher ist aber: Diese Art der Personalentwicklung zahlt sich langfristig aus, denn auf diese Weise wird das Wissen vertieft, das erforderlich ist, um verantwortungsvolle Entscheidungen zu treffen, die über den eigenen Tellerrand hinaus gehen. Nein, das müssen Bürgermeister und Landräte selbstverständlich nicht selbst tun, aber sie müssen die Rahmenbedingungen dafür schaffen.

Dass es eine Führungsaufgabe ist, Risikoansammlungen zu vermeiden, ist eine Binsenweisheit. Gleichwohl stellen wir fest, dass durch gebündelte Expertise und zu geringem Austausch untereinander in Bezug auf die kommunale Infrastruktur immer wieder Risikoansammlungen auftreten, die sich meist in einzelnen Personen kulminieren. Wer darf bei Ihnen keinesfalls ausfallen? Wo gibt es nur inhaltlich unzureichende oder gar keine Stellvertreterregelungen? Welche Personen sind es, bei deren Namensnennung Sie die Hände über dem Kopf zusammenschlagen, wenn es um den Jahresurlaub geht? Können Sie sich vorstellen, dass einzelne Mitarbeiter aus dem Urlaub zurückgeholt werden müssen, weil es daheim »brennt«? Dann haben Sie Risikoansammlungen, denen Sie unbedingt begegnen müssen.

Wissenstransfer kommt meist im Tagesgeschäft zu kurz, stattdessen wird neues Wissen oft durch das operative Tun erworben. Wir werben für einen routinemäßigen Wissenstransfer. Es ist natürlich unwahrscheinlich, dass eine ausgesprochen hohe Expertise vollständig auf andere Mitarbeiter übertragen werden kann; das soll auch nicht unsere Forderung sein. Wir weisen aber dringend darauf hin, dass zur Führung innerhalb der kommunalen Struktur auch gehört, regelhafte Wissenstransfers stattfinden zu lassen. Selbstverständlich dürfen diese sich nicht in informellen Gesprächen erschöpfen, sondern müssen strukturiert erfolgen, wenn sie wirksam sein sollen. Denken Sie daran: Herrschaftswissen, sei es gewollt oder ungewollt angesammelt, führt zu einem hohen Risiko. Bedenken Sie auch: Jeder gute Sportler ist nicht dauernd im Wettbewerb, sondern er trainiert auch.

Jetzt kommen wir zu einem wirklich schmalen Grat, denn ein Wort sei auch der Bezahlung von technischen Akteuren in der Verwaltung gewidmet. Wir betonen hier erneut, dass wir nicht dem unnötigen Einsatz von Steuergeldern das Feld eröffnen wollen, aber möchten Sie wirklich, dass Spitzenakteure wegen einiger verhältnismäßig weniger Euro ihren Job bei Ihnen quittieren und in einer anderen Kommune arbeiten? Allein der Aufwand, eine Stelle neu zu besetzen, übersteigt in Windeseile die vermeintlichen oder tatsächlichen Mehraufwendungen für das Gehalt. Wir hören immer öfter, dass derartige Wechsel an der Tagesordnung sind.

Wenn Kommunen in ihren Behörden beispielsweise die Wahl haben, Spitzenkräfte in einen besseren Tarif einzugruppieren und diese Möglichkeit auch nutzen, kann dies für die entsprechenden Mitarbeiter einen für sie nennenswerten Betrag im Jahr ausmachen. Wenn es sich wirklich um Spitzenkräfte handelt, sind ein paar hundert Euro Mehrausgaben schnell wirtschaftlich gerechnet. Für Kommunen, die diese Chancen nicht wahrnehmen, besteht die Gefahr, dass sie nicht nur einen Mitarbeiter verlieren, sondern direkt mehrere, wenn sich eine Gruppe bildet, die es sympathisch findet, weiterhin gemeinsam zu arbeiten und an anderer Stelle mehr Geld zu verdienen.

Sie mögen einwenden, dass Tarifwechsel nicht so einfach möglich seien, dass dies weite Kreise ziehen könne und so weiter. Mag sein, aber Sie und wir wissen, dass es für die richtig Guten auch Möglichkeiten gibt. Es geht nicht um eine unbeherrschbare Gehaltsspirale, es geht darum, dass Mitarbeiter nicht wegen ein paar weniger Euro wechseln und Ihnen Kosten für die Suche neuer Mitarbeiter und entgangene Wirkung auf der Resultatebene bescheren. Gute technische Führungskräfte rechnen sich unmittelbar.

Sich selbst führen

Ein Wort noch zu Ihnen, denn Führung beginnt immer bei Selbstführung – wer sich nicht selbst führen kann, sollte auch niemand anderen führen. Es würde zu weit gehen, an dieser Stelle einen epischen Abschnitt zur Selbstführung von kommunalen Spitzen zu verfassen, denn Sie befinden sich in Ihrer Position auch durch einen hohen Grad an Selbstführungsfähigkeit. Aber einen Rat möchten wir Ihnen gerne mitgeben, einen Aspekt, der gelegentlich übersehen wird. Dieser lautet: Schauen Sie, was Sie weglassen können, schauen Sie, was Sie nicht mehr machen. Addieren Sie nicht nur, sondern nutzen Sie auch Ihre eigenen Ressourcen intelligenter.

Fünf Fragen an Udo Adriany

- Ortsbürgermeister der Ortsgemeinde Müsch

»Wo steht Ihrer Auffassung zufolge heute – im Sommer 2023 – der Wiederaufbau im Ahrtal?«

Wir haben uns auf den Weg gemacht und die Anfangsgeschwindigkeit bei der Umsetzung in den ersten sechs Monaten war äußerst beeindruckend. In diesem Zeitraum konnten wir bedeutende Fortschritte erzielen und eine solide Grundlage für die Zukunft schaffen. Wenn wir die Entwicklung mit einem Marathon vergleichen, so befinden wir uns momentan etwa auf den ersten fünf bis sechs Kilometern, was die Umsetzung der Projekte betrifft. Es ist jedoch wichtig zu beachten, dass Antrags- und Genehmigungsverfahren nach wie vor eine zentrale Rolle spielen und Ressourcen der Verwaltung bei Genehmigungsbehörden, Planern und ehrenamtlich Engagierten beanspruchen.

»Was ist Ihrer Meinung nach zurzeit die größte Herausforderung im Wiederaufbau?«

Unser vorrangiges Ziel besteht darin, alle erforderlichen Anträge zur Erlangung von Fördermitteln zu stellen. Sobald die Bewilligung erfolgt ist, streben wir eine umgehende Umsetzung im Rahmen des geförderten Wiederaufbaus an. Wir setzen auf einen effizienten Prozess, um rasch positive Veränderungen herbeizuführen und unsere Vision für die Zukunft zu verwirklichen.

»Welche Erfolgsmuster sehen Sie auf kommunaler, regionaler, landes- und bundesweiter Seite?«

Die Zusammenarbeit zwischen der Landesregierung, den Ortsgemeinden und hauptamtlichen Bürgermeistern sowie ehrenamtlichen

Ortsbürgermeistern, den Verwaltungen sowie den beteiligten Unternehmen in der gesamten Region hat sich deutlich verbessert. Die Präsenz der Landesregierung und die Etablierung funktionsfähiger Kommunikations- und Lösungsfindungsstrukturen zwischen den Gemeinden, Verbandsgemeinden, dem Kreis und dem Land haben zu einer engeren Zusammenarbeit geführt, die ein Netzwerk aus Fachkompetenzen hervorgebracht hat. Zudem ist die rasche und spontane Unterstützung der vielen ehrenamtlich engagierten Freiwilligen bis zum gegenwärtigen Zeitpunkt ein wichtiger Aspekt, der die Gemeinschaft innerhalb der Bevölkerung stärkt und die soziale Solidarität erlebbar macht.

»Was würden Sie sich im Bereich Neu- und Wiederaufbau wünschen?«

Unser Ziel ist es, gemäß den ursprünglichen Konzepten aus den Zukunftskonferenzen, das Ahrtal zu einer Modellregion für einen klimaresilienten Wiederaufbau zu entwickeln. Dabei steht der Aufbau einer nachhaltigen und ausgewogenen Wärme- und Energieversorgung im Fokus aller beteiligten Akteure. Zusätzlich möchten wir Möglichkeiten zur Förderung des vorbeugenden Hochwasserschutzes in den Gemeinden umsetzen, um Schäden durch zukünftige Starkregen- und Flutereignisse zu minimieren und die Sicherheit von Menschenleben zu gewährleisten.

Um diese Ziele zu erreichen, setzen wir uns für die Implementierung eines flächendeckenden Messsystems ein, das Wetterdaten, Niederschlags- und Pegelmessungen im gesamten Einzugsgebiet erfasst. Dies dient der Entwicklung eines Warnsystems, das sowohl die Bevölkerung als auch die Einsatzkräfte informiert und unterstützt.

»Was kann und muss unser Land aus dem Wiederaufbau im Ahrtal lernen?«

Es hat sich gezeigt, dass es effektiver ist, konkrete Fortschritte durch pragmatische und kompetente Umsetzung zu erzielen, anstatt sich über längere Zeiträume hinweg mit theoretischen Überlegungen zu beschäftigen und am Ende keine Entscheidung zu treffen. In einfacheren Worten ausgedrückt: Es ist ratsamer, anhand der vorhandenen Fakten überhaupt eine Entscheidung zu treffen, selbst wenn sie sich im Nachhinein als nicht optimal herausstellen sollte, als gar keine Entscheidung zu treffen.

Kapitel 6
Eine Vision

Eine Infrastruktur-Vision des Ahrtals ist bis heute nicht vorhanden. Die Winzer dieser Gegend haben sich selbst zu einer gemeinsamen Vision gefunden und ihr Handeln auf Symbiose umgestellt; in der Politik indes sucht man vergebens nach einer gemeinsamen Vision. Auch wenn einige politische Protagonisten dies gern vorantreiben möchten, so scheitert es doch daran, dass die Vorstellungen zu unterschiedlich sind. Möglicherweise scheitert es aber auch daran, dass der Prozess aktuell nicht strukturiert und konsequent geführt wird.

Lassen Sie uns einen kleinen Ahrtal-Ausflug machen, auch wenn die wenigsten von Ihnen im Ahrtal ansässig sind, aber der Gedanke steht stellvertretend auch für andere Regionen: Wäre visionär nicht eine Kommune »Ahrtal« denkbar? Natürlich müsste ein Ziel und nicht nur die Idee im Vordergrund stehen, aber wäre es nicht denkbar? Mit einem technischen Kompetenzzentrum (nennen wir es einmal nicht »Rathaus«) an der Ahrmündung, einem Verwaltungszentrum in Bad Neuenahr-Ahrweiler, einem Tourismuszentrum in Altenahr und einem Zentrum für den ländlichen Raum in Blankenheim an der Ahrquelle? Alles ganz unabhängig davon, ob wir dabei Ländergrenzen überschreiten? Könnte ein Zwischenschritt dorthin eine weitere Zusammenführung der Infrastruktureinheiten sein? Warum gibt es allein im rheinland-pfälzischen Teil des Ahrtals drei Wasserwerke, vier Abwasserwerke, drei Gasversorger und so viele Verantwortliche für kommunale Straßen und Verkehrswegebau? Warum wird so kleinteilig, alle paar Kilometer an der Ahr entlang, wieder neu über öffentliche Vergaben, Digitalisierung in der Verwaltung, Umgang mit Klimaschutz und Nachhaltigkeit sowie weitere Themen, die eigentlich für alle identisch relevant sind, diskutiert? Überfordern wir unsere ehrenamtlichen Kommunalpolitiker nicht auch?

Ja, natürlich gibt es nun mindestens eintausend Einwände und identisch viele Vorwände, warum das nicht sinnvoll ist und auch gar nicht geht: Es stehen Ländergrenzen im Weg, es stehen Machtpositionen zur Disposition, das System hat einen erheblichen Selbsterhaltungsbedarf … und, zugegeben, es ist gar nicht geprüft, ob ein wirklich gutes Ziel mit einer solchen Vision verbunden wäre. Aber – und das ist unser wesentlicher Punkt: Solche Gedanken werden viel zu wenig diskutiert, genau weil vermeintliche Systemgrenzen bestehen – über die Angst vor Machtverlust wird ja nur selten offen gesprochen, aber sie steht natürlich oft hinter solch verhinderten Erörterungen. Wir müssen uns aber vor Augen führen, dass jedes von Menschen geschaffene System auch wieder verändert werden kann. Wird eine solche Veränderung von vornherein mit Killerphrasen belegt, ist nicht das System dafür verantwortlich, sondern die handelnden Personen.

Abbildung 6.1: Weinbergslage „Walporzheimer Himmelchen

Werden wir wieder allgemeiner, damit auch diejenigen von Ihnen, die mit den Ahrtal-Spezifika nicht so vertraut sind, noch besser auf ihre eigene

Situation schauen können: Stellen Sie sich einmal vor, man könnte die Infrastruktur komplett neu erstellen, alles wäre neu: Straßen wären neu, Verkehrswege wären neu, Versorgung und die Entsorgung wären neu. Dann kommt man zu einem Bild, für das es sich lohnt, langfristig zu arbeiten. Genau, wir sind nicht auf der grünen Wiese. Genau, es bestehen gut funktionierende Elemente der Infrastruktur. Genau, es ist nicht alles neu, aber gerade diese Einwände hindern uns daran, groß zu denken.

Aus dem »Was wäre, wenn …« lassen sich nämlich auch für das Bestehende zukunftsweisende Maßnahmen ableiten. Wo sind wir abhängig voneinander in den Gemeinden? Was wollen wir wo priorisieren? Was kann sicherer werden, wirtschaftlicher werden, leistungsfähiger werden? Auf diese Weise kommt man an ein Bild, dass auch über einzelne Gemeinden hinweg Sinn ergibt. Was geschieht stattdessen? Solche großen Gedankensprünge werden schnell als unrealistisch, utopisch und Spinnerei abgetan. Überdies stehen Vergangenheitserfahrungen dem großen Denken entgegen: »Das war damals nicht gewollt … jenes hat dieser und jener damals verboten … wir erinnern uns noch daran, dass diese und jene Person (in der Regel aus einer anderen Kommune, einem anderen Kreis) uns damals auch nicht geholfen hat.« Die Liste der »Das-geht-nicht-weil-Vorträge« ist lang. Natürlich spielt es auch eine Rolle, welche Position der jeweilige politische Gegner einnimmt oder eingenommen hat, denn das kann natürlich nicht gut gewesen sein.

Lassen wir uns nicht beirren, sondern drehen wir den Gedanken weiter: Wer müsste an einem solchen Visionsprozess teilnehmen? Unserer Überzeugung zufolge müssen dies alle Mandatsträger der kommunalen Familie sein, allerdings nicht zugleich, sondern in einem gestuften Vorgehen.

Ein solches Bild ist mit den (Ober-)Bürgermeistern und Landräten der einbezogenen Gemeinden zu beginnen. Diese kommunalen Spitzenkräfte sollen ihre Vorstellungen, Ideen und Erfahrungen einbringen. Welche sind individuell-kommunale Ziele und welche sind gemeinsame Ziele? Welche sind die Arbeitsfelder, in denen man sich ergänzen kann? Wofür will die einzelne Gemeinde und auch ein möglicher gedanklicher Infrastruktur-Verbund stehen? Braucht jede Gemeinde ein Krankenhaus? Bei größeren Gemeinden: Muss jede Gemeinde eine Vollversorgung haben oder lohnt es sich, über Kompetenzcluster nachzudenken? Braucht jeder kleinere Ort eine Altersresidenz? Ist in jedem Ort eine Schule erforderlich? Ein Park? Wofür wollen die einzelnen Gemeinden stehen? Welche natürlichen Stärken hat welche Region? Manche Regionen haben schon ein gutes Wasservorkommen, das möglicherweise besser genutzt werden kann, in manchen Regionen besteht eine hohe Kompetenz darin, Windräder zu bauen, andere wiederum haben das Wissen, wie die Menschen in der Region am besten an den ÖPNV angebunden werden können.

Die Frage ist, wie man die vorhandenen Stärken fördern kann, wie man etwas Neues daraus entwickeln kann, welche Defizite tatsächlich ausgebügelt werden müssen und welche nicht. Natürlich ist dies ein schmaler Grat zwischen der Profilierung einzelner Gemeinden, dem lokalen Wettbewerb, der ja auch Entwicklung vorantreibt, der strategischen Kontur und dem Wohl des Gesamten, aber die Ansätze, die bereits in erfolgreichen Verbandsgemeinden stattfinden, machen auch für die Infrastruktur Mut.

Wenn die Landräte und Bürgermeister etwas Diskutierbares und Präsentierbares erarbeitet haben, werden in den Visionsprozess alle Mandatsträger einbezogen. Im Ahrtal wären dies etwa 500 Personen. Diese werden zunächst informiert über das, was die Kreis- und Stadtspitzen besprochen und als Leitplanken vereinbart haben. Danach werden Gruppen gebildet, zum Beispiel für Natur, Bauen, Hochwasserschutz, Tourismus, Weinbau, Gesundheit, Wirtschaft, Infrastruktur und Versorgung, Arbeit und Soziales. Es werden Prioritäten gesetzt und anhand der Leitplanken wird erarbeitet, welche Elemente der Infrastruktur in welcher Form und wo benötigt werden, wenn alles neu gedacht werden könnte. Die Abstriche, der Abgleich mit dem Vorhandenen, das Annähern an das Mögliche, jeweils auf der Zeitachse, dies geschieht später, in weiteren Schritten.

Man kann all die oben genannten Fragen, die selbstverständlich bei Weitem nicht vollständig sind, mit einem Handstreich abtun. Man kann mangelnden Realitätssinn, mangelnde Vollständigkeit, zu hohe Kompliziertheit, zu große Hürden einwenden. Man kann behaupten, das ganze

Vorgehen könne nicht funktionieren. Wie könne man denn fordern, dass kommunale Spitzenkräfte sich damit befassen? Man kann aber auch sagen: »Lasst es uns doch einmal probieren, beginnen wir im Kleinen.«

Traut sich jemand dieses Format zu? Unterzieht sich jemand der Mühe, einen solchen Visionsprozess für eine Region, sei es das Ahrtal, das Ruhrgebiet, die Region Berlin-Brandenburg, die fränkische Alb oder die Ilm-Saale-Platte, zu erarbeiten? Ein langer Atem, ein fester Stand gegen den Wind, ein Zurückstellen parteipolitischen Geplänkels auf Nebenschauplätzen und eine feste Überzeugung, dass der Weg richtig ist, sind erforderlich, aber den Weg zu eröffnen, dies lohnt sich.

Abbildung 6.2: Ahrthermen, Stadtteil Bad Neuenahr

Fünf Fragen an Sofia Lunnebach

- Geschäftsführerin der *GEWI – Gesellschaft für Entwicklung, Wiederaufbau und Innovation mbH*, Sinzig

»Wo steht Ihrer Auffassung zufolge heute – im Sommer 2023 – der Wiederaufbau im Ahrtal?«

Es ist schon einiges passiert. Explizit in Sinzig sind bereits mehrere Projekte vollständig wiederhergestellt und abgeschlossen, wie etwa drei Spielplätze sowie Vereins- und Freizeitanlagen. Die Zahl der Provisorien minimiert sich, vielmehr wird der Endzustand anvisiert. In nahezu allen Projekten sind die Ziele zum (Wieder-) Aufbau klar definiert, wobei auch die Thematik *Nachhaltigkeit und Klima* mit integriert wurden.

»Was ist Ihrer Meinung nach zurzeit die größte Herausforderung im Wiederaufbau?«

Die Akzeptanz und Unterstützung der betroffenen Menschen für längere Planungs- und Bauphasen. Aufgrund von längeren Planungsphasen kommt es vorerst zu keiner Bauarbeit vor Ort, was den Menschen suggeriert, es passiere nichts. Wenn es dann losgeht und die Baustelle aufgrund von neuen Erkenntnissen, wie zum Beispiel einem anderen Zustand in den Tiefen einer Straße, welche gemäß Planung so nicht vorhersehbar waren, zu Stillständen kommt, heißt es schnell: »Hier passiert seit Wochen nichts.«

Wir würden uns in dem Zusammenhang wünschen, dass die Menschen mehr Akzeptanz haben und auch den Blick auf das werfen, was bereits geschaffen wurde, als vor allem immer das heranzuziehen, was bislang nicht erfolgt ist.

»Welche Erfolgsmuster sehen Sie auf kommunaler, regionaler, landes- und bundesweiter Seite?«

Drei wesentliche Erkenntnisse und Erfolgsmuster stechen heraus. Erstens: Nur gemeinsam kommt man zum Ziel. Zweitens: Digitale Antragsformulare in der Förderung zu beschleunigen, ist ein wesentlicher Geschwindigkeitstreiber und Vereinfacher. Drittens: Eine Förderkulisse, die im Einklang mit dem Baugesetzbuch steht, ist zwingend.

»Was würden Sie sich im Bereich Neu- und Wiederaufbau wünschen?«

Ich würde mir vor allem schnellere Genehmigungsprozesse wünschen, aber auch eine höhere Akzeptanz der Bürger, die auch durch übergeordneten Wissenstransfer, etwa in Form von Fachvorträgen, geschaffen werden könnte. Außerdem wünsche ich mir deutliche Erleichterungen im Vergabeverfahren.

»Was kann und muss unser Land aus dem Wiederaufbau im Ahrtal lernen?«

Warnsysteme und klare Verantwortlichkeiten sollten konkretisiert werden. Wir müssen uns in Deutschland auch viel besser auf Extremsituationen vorbereiten. Die Einführung von etwaigen neuen Systemen und Vorschriften müssen zwingend mit den bestehenden gesetzlichen Regelungen aus dem Baugesetzbuch und der jeweiligen Landesbauordnung abgeglichen und dürfen erst dann freigegeben werden. Wir sollten deutlich weniger Bürokratie haben. Letztlich sollten wir auch lernen, dass weniger das Eigenlob einzelner, sondern viel mehr die Bestärkung aller Mitwirkenden wichtig ist.

Schlusswort und Danksagung

Liebe (Ober-)Bürgermeister und (Ober-)Bürgermeisterinnen, liebe Landräte und Landrätinnen, sie haben sich, wenn Sie dies lesen, durch wesentliche Gedanken, Ideen, Konzepte, Berichte und Vorschläge zur zukunftsfähigen Infrastruktur gearbeitet. Dafür sagen wir Danke!

Danke im Sinne Ihrer Kommune und im Sinne der Zukunft unseres Landes. Behalten Sie Ihren Mut und Ihre Zuversicht, die Sie in dieses Amt gebracht haben. Bewahren Sie Ihren Blick für die Demokratie und für die Zukunft des von Ihnen verantworteten kommunalen Bereichs.

Danke, dass Sie sich als Teil des demokratischen Prozesses verstehen und für die Aufgabe, derer sie sich verantwortungsvoll annehmen, einsetzen. Zu Ihrem Beruf gehört es, vieles zu wagen, vieles auszuprobieren, Spielregeln einzuhalten und das große Spiel gemeinsam zu spielen – zum Wohle aller. Sie sind wesentlicher Bestandteil der Weiterentwicklung unserer Demokratie und in der Position, auf Basis unserer freiheitlich demokratischen Grundordnung unserem Land zu weiterem Wohlstand und Wachstum zu verhelfen. Dafür gebührt Ihnen ausdrücklich Dank.

Allen aktiv Beteiligten, den lokalen Experten, den Infrastrukturakteuren in der Privatwirtschaft, in den Kommunen, im Ehrenamt, sagen wir herzlichen Dank dafür, dass Sie jeden Tag dafür sorgen, dass wir die Infrastruktur als selbstverständlich hinnehmen dürfen und sie gar nicht bewusst bemerken. Sie funktioniert einfach. Das ist Ihr Verdienst.

All denjenigen, die sich nicht aktiv, nicht täglich mit Infrastruktur beschäftigen, denjenigen, denen die Infrastruktur »nur« nutzt, die aber ein Bewusstsein dafür haben, wie wichtig sie ist, und die sich Gedanken darüber machen, ob und wenn ja auf welche Weise sie dazu beitragen können, Infrastrukturwissen zu nutzen, sagen wir Danke für Ihr Interesse und Ihr Lesen bis zu diesem Punkt.

Und damit setzen wir ihn nun auch, den finalen Punkt. Vielen Dank an Sie alle!

Ihr Markus Becker & Guido Quelle

»Die Autoren sensibilisieren den Leser für den Stellenwert von Infrastruktur und entwickeln in Ihrem Buch aus erlebter Praxis heraus eine Vision, wie eine krisenfeste Infrastruktur geschaffen und erhalten werden kann.«

Dipl.-Ing. Jörg Heetkamp, Bauingenieur Aachen

Weitere Publikationen des Mentoren-Verlags

»Erfolg und Verantwortung bedingen einander auf vielfältige Weise. Sie sind wie Zwillinge, die nur vollständig scheinen, wenn sie gemeinsam auftreten.«

Udo Gast
Erfolg braucht Verantwortung
Betriebswirtschaft hat abgewirtschaftet
288 Seiten
Mentoren-Media-Verlag
ISBN: 978-3-98641-038-4
€ 24,95 [DE]

In den letzten Jahren stellen Unternehmer immer wieder fest, wie verwundbar sie sind und wie schlecht sie sich auf Ausnahmesituationen vorbereitet haben. Umsätze gehen zurück, Mitarbeiter verlieren ihren Job und damit ihre Existenzgrundlage. Der gewohnte Erfolg bleibt aus. Andererseits zögern viele Menschen aber auch, sich auf das Abenteuer Selbstständigkeit einzulassen. Der zentrale Aspekt für persönlichen und unternehmerischen Erfolg ist das Thema »Verantwortung«. Dabei ist die Bereitschaft von (Selbst-)Verantwortung ebenso wichtig wie der Mut und das Vertrauen, Verantwortung zu übertragen.

Doch wo beginnen Sie mit Veränderungen und wie gehen Sie dabei konkret vor? Zahlreiche Beispiele aus der Unternehmerpraxis, Checklisten und Arbeitsblätter unterstützen Sie bei der Umsetzung. Aus zahlreichen Interviews mit erfolgreichen Persönlichkeiten sind die wertvollsten Erkenntnisse miteingeflossen.

»Geld ist allgegenwärtig, ob man will oder nicht. In unserer Gesellschaft ist Geld omnipräsent. Sei es beim Einkaufen an der Kasse, auf dem Kontoauszug, bei Gehaltsverhandlungen, auf Werbeplakaten oder im Restaurant. Ständig werden wir in irgendeinem Zusammenhang mit Geld konfrontiert.«

Volker Wiedemann
Finanzen verstehen und clever managen
Der Weg zu einem erfolgreichen Umgang mit Geld
152 Seiten
Mentoren-Media-Verlag
ISBN: 978-3-98641-077-3
€ 14,99 [DE]

Haben Sie am Ende des Geldes noch viel Monat übrig oder beenden Sie jeden Monat mit Freude? Möchten Sie stets einen Überblick über Ihre Finanzen haben und diese mit wenig Aufwand regeln? Dann nehmen Sie Ihre eigenen Finanzen sowie die Ihres Unternehmens selbst in die Hand und lassen Sie sich von Ihren Kontozahlen nicht mehr beeinflussen! Schöpfen Sie aus dem Vollen, sehen Sie mit gutem Gefühl Ihren offenen Rechnungen entgegen und investieren Sie Ihr Geld in Ihr Unternehmen, ohne Reue zu verspüren.

Volker Wiedemann zeigt Ihnen in diesem Buch, wie Sie eine Basis für finanzielle Fülle und ein (finanziell) sorgenfreies Leben erschaffen. Sie bekommen eine Struktur an die Hand, wie Sie Ihre Finanzen zukünftig mit einem geringen monatlichen Aufwand managen können und dabei keiner Gefahr von Schulden mehr begegnen. Außerdem sind Sie somit auch in der Lage, unkompliziert Vermögen aufzubauen. Damit werden Sie in Zukunft sogar Spaß im Umgang mit Ihren Finanzen haben!

»Die Zusammenstellung der Unterlagen ist eine Geschichte ohne Anfang und ohne Ende. Mit nichts verbringt ein Finanzierungsexperte bei der Bank oder einem unabhängigen Darlehensvermittler so viel Zeit wie mit der Durchsicht und Kontrolle der Unterlagen und der Bitte, weitere Unterlagen zur Verfügung zu stellen.«

Oliver P. Mildenberger
Immobilienfinanzierung leicht gemacht
Expertenwissen und Praxistipps für Selbstnutzer
184 Seiten
Mentoren-Media-Verlag
ISBN: 978-3-98641-079-7
€ 16,99 [DE]

Viele Menschen träumen von der eigenen Immobilie und möchten für sich und ihre Familie ein Zuhause bauen oder kaufen. Doch hat sich in den letzten Jahren die Immobilienwirtschaft stark verändert und die Zeit der niedrigen Bauzinsen ist nun vollkommen vorbei. Das führt zu einer großen Unsicherheit auf dem Immobilienmarkt, da vor allem die Immobilienpreise in den meisten Regionen unverändert hoch bleiben. Doch wie kann man sich trotz der hohen Preise den Wunsch von einer eigenen Immobilie erfüllen?

Der Experte und Coach Oliver P. Mildenberger erklärt Ihnen die wichtigsten Sachverhalte der Immobilien- und Baufinanzierung und bereitet Sie damit auf das vielleicht wichtigste Finanzierungsgespräch Ihres Lebens vor. Dabei legt er den Fokus auf die Praxis und gibt Ihnen Tipps für Ihren Schritt in Richtung Eigenheim.

»Denn Eines ist klar: Jeder Einzelne von uns und infolge jedes Unternehmen hat die Option, die Disruptionen für sich zu nutzen, wenn man das Phänomen an sich verstanden hat und weiß, welche Konsequenzen damit einhergehen.«

Michael Lieser
Disrupt or be disrupted
Was Unternehmen von Tesla, Uber und Airbnb lernen müssen
168 Seiten
Mentoren-Media-Verlag
ISBN: 978-3-98641-063-6
€ 18,99 [DE]

Der Wandel der Welt und der Wirtschaft ist unübersehbar. Jeder von uns erfuhr schon im Laufe seines Lebens die ungeheure Tragweite großer Ereignisse, die mit dem Begriff Disruption bezeichnet werden. Disruption findet in der Wirtschaft, im Bankenwesen, ja selbst im Privatleben jedes Einzelnen von uns statt. Sie sorgt nicht nur für Veränderungen, sondern Disruption lässt keinen Stein auf dem anderen stehen.

Am Beispiel der Automobilbranche und im Speziellen anhand von Tesla zeigt Michael Lieser, wie junge Führungskräfte, egal welcher Branche, und solche, die es noch werden wollen, sich idealerweise auf die nächste Disruption vorbereiten und dadurch maßgeblich profitieren können. Wer die Funktionsweise von Wirtschaft versteht, kann sie auch beeinflussen. Michael Lieser zeigt die notwendigen Fähigkeiten, Kompetenzen und Denkweisen auf, die für ein modernes Wirtschaften unumgänglich sind.